Stephen Alexander

DAS BILDNIS *des* OSCAR WILDE

Roman

Insel Verlag

Meinen Dank an Joel aus Vermont

Erste Auflage 2025
Originalausgabe
© Insel Verlag Anton Kippenberg GmbH & Co. KG, Berlin, 2025
Alle Rechte vorbehalten. Wir behalten uns auch eine Nutzung des Werks
für Text und Data Mining im Sinne von § 44b UrhG vor.
Umschlaggestaltung: Lübbeke Naumann Thoben, Köln
Umschlagillustration: Mona Eing und Michael Meissner, Kassel
Satz: Greiner & Reichel, Köln
Druck: CPI books GmbH, Leck
Printed in Germany
ISBN 978-3-458-64479-8

Insel Verlag Anton Kippenberg GmbH & Co. KG
Torstraße 44, 10119 Berlin
info@insel-verlag.de
www.insel-verlag.de

DAS BILDNIS
des
OSCAR WILDE

1

20. Februar 1892

Die Welt war seine Bühne, er beherrschte und erfüllte sie mit seinem Genius. Lächelnd und ein wenig spöttisch betrachtete er sein Publikum. Sie liebten ihn, er war ihr Dichter, ihr Oscar Wilde. Er gehörte ihnen. Gerade noch hatten sie den letzten Worten seines neuesten Theaterstücks gelauscht. War es eine Komödie, eine Gesellschaftssatire, war es zum Lachen oder todtraurig, abgrundtief oder leicht wie ein Wimpernschlag? Sie bestaunten das Bühnenbild eines nächtlichen Gartens und das Kleid Lady Windermeres, grüne Seide, von Diamanten durchwirkt, die bei jeder Bewegung glitzerten.

Lady Windermere sprach: »Dieselbe Welt ist uns gemeinsam, Arthur. Gutes und Böses, Sünde und Unschuld schreiten in ihr nebeneinander. Verschlössen wir die Augen gegen die eine Hälfte des Daseins, vermöchten wir nicht unbeschadet zwischen Abgründen und Klüften zu wandeln.«

»Warum sprichst du von solchen Dingen?«, erwiderte Lord Windermere.

»Weil ich an den Rand eines Abgrunds geraten war, Arthur. Lass uns nach Selby gehen. Dort im Rosengarten blühen die Rosen weiß und rot.«

Hand in Hand standen sie da, die schöne Schauspielerin Lily Hanbury und der wohlgefällige Mr Alexander. In ihrem Blick lag alle Liebe dieser Welt, und der Vorhang fiel.

Es war still im St James's Theatre, so still, als sei ein Schiff auf Fahrt gegangen, um nie wiederzukehren. Es war still wie nach einer Todesnachricht oder so, wie größtes Glück manchmal andächtige Stille mit sich brachte. Hinter der Bühne hoben die Darstellerinnen und Darsteller, bereit für den Applaus, erstaunt die Köpfe, unter ihnen Ben Webster, Liebhaber mit spitzer Zunge, und die blutjunge Alice de Winton. Sie horchten, warteten, lauschten, ob nicht wenigstens die geringste Reaktion des Publikums Anlass gab, sich zu verneigen. Geheimnisvoll schleppten sich die Sekunden dahin.

Nur einem war nicht bange, was den Ausgang der Premiere betraf, ihm, ohne den es das Drama nicht gegeben hätte. Seine mit heißem Eisen eingedrehten Locken fielen ihm auf die Schultern, er trug einen Samtanzug in gewagtem Bordeauxrot; die Krawatte changierte in Lila und wurde von der unvermeidlichen grünen Nelke im Knopfloch komplettiert. Oscar Wilde lehnte an einer Marmorsäule, die doch nur Pappmaché war. Er allein verstand die Stille im Saal. Er hatte den Stückschluss so geschrieben, dass sie verstummen mussten, bewegt, überwältigt, ungläubig, dass eine fiktive Handlung von Liebe und Leben so unter die Haut gehen konnte. Er war der Meister, ein Jongleur mit Worten, die tief ins Herz der Zuschauer drangen.

Oscar Wilde warf die Zigarette zu Boden, die er, alle Theatergesetze missachtend, auf der Seitenbühne rauchte, und trat die Glut aus. Noch drei ... zwei ... eine Sekunde – dann würde ihr Schweigen enden, durchbrochen werden von einem Aufschrei aus über tausend Kehlen.

Auf dem zweiten Rang begann ein Gentleman zaghaft zu applaudieren. Die Schläge seiner Hände verdoppelten, vervielfachten sich, bis der Applaus gleich einer Woge über dem riesigen Saal zusammenschlug und zur Bühne hinflog, wo sich der Vorhang hob.

Die Herren erhoben klatschend die Hände über die Köpfe, die Damen schämten sich ihrer Tränen nicht, während sie von den Sitzen aufsprangen. »Jaa! Jaaa!«, und das lange Jaaaaa! wurde zur Oberstimme des kaskadenartigen Tumults, mit dem die Londoner sich für das Theatererlebnis bedankten. Keinen hielt es mehr auf den Stühlen, in Wellen sprangen sie auf, applaudierten und jubilierten.

Zunächst verbeugten sich Lord und Lady Windermere allein auf den Brettern, doch schon drängten die anderen Darsteller hinzu und stellten sich in langer Reihe auf. Sie verneigten sich gemeinsam, hielten einander an den Händen, kamen an die Rampe, wo jeder, vortretend, seinen Einzelapplaus entgegennahm. Das Publikum bedachte sie mit höflicher Begeisterung, doch dies war nur ein Vorspiel. Alle, die auf der Bühne und jene unten, wussten: Der wahre Stern des Abends hatte sich noch nicht gezeigt.

Als die Leute fanden, sie hätten den Akteuren genug Dank und Ehre erwiesen, erklangen Rufe, die bei jeder Premiere Oscar Wildes zu hören waren: »Dichter!«, riefen sie. »Dichter! Dichter!« Immer mehr, immer lauter, bis schließlich der ganze Saal skandierte: »Dichter! Dichter! Dichter!«

Auf der Seitenbühne lächelte Oscar Wilde der alten Ankleiderin zu, die er von früheren Aufführungen kannte. Sie stand stets bereit, um die Mäntel der Damen entgegenzunehmen.

»Oh, Sir«, sagte sie. »Was für ein Erfolg.«

»Ich werde jetzt wohl hinausgehen müssen.« Seelenruhig zündete er sich die nächste Zigarette an. Am Portal hob der Feuerwehrmann wachsam den Kopf.

Oscar Wilde spazierte gelassen auf die Bühne und wurde mit einem Orkan der Zuneigung belohnt. Kein Schreibender, kein Künstler, überhaupt kein lebender Mensch im Königreich löste solche Verzückung aus. Er nahm ihre Liebe nicht etwa eitel triumphierend entgegen, sondern demütig. Oscar Wilde senkte das Haupt, legte die Hand aufs Herz und schüttelte bewegt den Kopf. Die Menschen in den vorderen Reihen meinten zu erkennen, dass er weinte. Doch Oscar weinte nicht, er verstand es lediglich, mit Gesten und Tränen Wirkung zu erzeugen.

Schließlich reihte er sich unter die Schauspieler und verbeugte sich mit ihnen. Man ging ab, kam wieder. Siebenundzwanzig Mal forderte das Publikum Oscar Wildes Auftritt, fünfunddreißig Minuten lang dauerten die Ovationen bereits, die der Bühneninspizient als nie erreichten Rekord in das Aufführungsbuch eintragen würde.

Nach dem siebenundzwanzigsten Vorhang drängte sich der Geschäftsführer des St James's Theatre an Oscar heran. »Sie müssen sprechen, Sir«, rief er. »Man erwartet es. Sonst gehen die Leute nie nach Hause.«

»Wurde heute Abend nicht schon genug *Oscar Wilde* gesprochen?« Er war sich seiner Koketterie bewusst.

Auch die Schauspieler bestürmten ihn, eine Rede zu halten, doch erst Alice de Wintons Argument ließ ihn einlenken: »Ich verpasse sonst meinen Bus, Mr Wilde, Sir.«

»Dann wollen wir die guten Menschen erlösen«, seufzte er, ließ sich vom Geschäftsführer Feuer geben, trat erneut hinaus in den Jubel, bedankte sich und hob die Hand im weißen Handschuh. Wie einem Dompteur gehorchten sie ihm, verstummten und sanken auf ihre Sitze.

Oscar hob den Blick zur royalen Loge. »Königliche Hoheiten,

gnädigste Prinzessin, Lord Oberrichter, Lord Gewandmeister, Ladys und Gentlemen. Ich möchte Ihnen nicht verschweigen, dass ich den heutigen Abend besonders exquisit fand und ihn daher, so wie Sie, enorm genossen habe.«

Es dauerte einen Moment, bis sie sein Eigenlob als Witz verstanden und gutmütig, doch verhalten lachten.

»Die Schauspieler haben uns, wie ich finde, eine hübsche Version meines Stückes geboten.« Oscar zog an der Zigarette. »Ihre Anerkennung jedoch, meine Damen und Herren, weist Sie als ungemein intelligente, feinnervige Theaterbesucher aus. Ich gratuliere Ihnen zu Ihrem vorzüglichen Geschmack. Daran erkenne ich, dass Sie von meinem Stück ebenso begeistert sind wie ich. Denn wovon handelt mein Stück im Kern? Von Männern, die heiraten, weil sie müde vom Umherstreifen sind, und von Frauen, die heiraten, weil sie neugierig sind. Wie wir gesehen haben, werden beide Parteien enttäuscht.«

Die Zuschauer lachten und klatschten, doch ihr Applaus hatte an Feuer verloren. Dass sie seine Rede geistreich fanden, bestätigte ihnen zwar, dass sie selbst geistreich waren, doch ein Instinkt sagte ihnen, dass sie auch verspottet wurden – von einem irischen Emporkömmling.

Die Elogen setzten sich im Theaterfoyer fort.

»Brillant, einfach brillant, Mr Wilde.« Lord Salisbury schüttelte ihm die Hand.

»Ich erlaube mir, Ihrer Meinung zu sein, Mylord.« Im Weitergehen stieß Oscar auf einen Schriftsteller etwa gleichen Alters, ein gewisser George Bernard Shaw, der mehrfach seine Bekanntschaft gesucht hatte, was Oscar jedoch vermied. Er genoss den Status als alleiniger und hellster Stern am Londoner Literatenhimmel.

Shaw trat ihm in den Weg. »Ich bin ein großer Bewunderer Ihres Werks, Mr Wilde.«

»Ich war immer schon ein großer Bewunderer meines Werks«, konterte Oscar kollegial.

Ada Leverson, seine langjährige Freundin, kam hinzu und gratulierte ihm.

»Ada, was wirst du in deinem Frauenmagazin über mein Stück schreiben?«

»Ich werde es so hoch in den Himmel heben, wie du selbst es tun würdest.«

»Du warst immer meine beste Kritikerin.« Er umarmte sie.

»Ich habe dich nie kritisiert, Oscar.«

»Eben deshalb!«

Im Begriff, sich anderen Gratulanten zuzuwenden, entdeckte er eine Frau, die sich im Schatten einer Säule verbarg.

»Oscar –« Indem sie auf ihn zutrat, bemerkte sie erschrocken die neugierigen Blicke der Umstehenden.

Constance Wilde war anmutig, gebildet, vierundzwanzig Jahre alt und entstammte einer wohlhabenden Juristenfamilie. Es herrschte die allgemeine Ansicht, Oscar könne sich glücklich schätzen, dass sie ihn unter zahlreichen Bewerbern auserwählt hatte. Constance lebte ein behütetes, achtbares und vor allem anonymes Leben, was generell als Maxime der englischen Oberschicht galt. Nichts war den Briten suspekter als auffälliges Verhalten und die Nähe zu jedwedem Skandal.

Constance, geborene Lloyd, hatte Oscar aus Liebe geheiratet. Oscar hatte Constance zur Frau genommen, weil seine Mutter die Verbindung sorgfältig geplant und eingefädelt hatte. Jane Wilde, mit dem Spitznamen ›Speranza‹, besaß eine präzise Vorstellung von der Zukunft ihres Sohnes, die auf einen

Parlamentssitz, ein repräsentatives Eigenheim und ein geordnetes Leben mit Kindern abzielte. Speranza hatte Constance auch deshalb als ideale Schwiegertochter befunden, weil sie von ihrem Großvater eine beträchtliche Erbschaft erwarten durfte. Umso enttäuschter war Mrs Wilde gewesen, als der hinfällige Großvater nach Constance' Heirat aufblühte und ewig leben zu wollen schien.

Constance war eine mitfühlende, kluge und zurückhaltende Frau. Das empfand Oscar als Vorteil, denn was er am dringendsten im Leben brauchte, war ein Publikum. Mittlerweile war er überzeugt, Constance wirklich zu lieben. Als sie in diesem Moment den Schutz der Säule verließ und zu ihrem berühmten Mann im Augenblick seines Triumphs trat, vergaß er ihren Wunsch nach Anonymität, schloss sie in die Arme und gab ihr einen leidenschaftlichen Kuss auf den Mund.

»Oscar, die Leute ...« Sie entzog sich.

Robbie Ross, sein ältester Freund, hatte die Szene beobachtet. »Constance, Sie wissen doch, Ihr Gatte ist ein Mann, der sich über sein Benehmen in der Öffentlichkeit keinerlei Gedanken macht.«

»Wie hat dir das Stück gefallen, Robbie?«, fiel Wilde ihm ins Wort.

»Ich liebe dein Werk, Oscar«, antwortete Robbie, worauf der Dichter auch ihm einen Kuss gab. Amüsiertes Raunen.

Der kommende Moment konnte heikel werden. Mit einem freundlichen Schulterklopfen wandte sich Oscar an Constance. »Meine Liebe, die Premierenfeier dürfte dir zu anstrengend werden. Du weißt, wie das gewöhnlich abläuft. Ich werde mich mit Leuten unterhalten müssen, die sich selbst schrecklich ernst nehmen, ohne ernstzunehmend zu sein.«

Da rund um ihn gelauscht wurde, ob man eine geistreiche Bemerkung aufschnappen konnte, befriedigte er diese Neugier. »Die Menschheit nimmt sich generell zu ernst. Das ist die Erbsünde der Welt. Hätte der Höhlenmensch lachen können, wäre die Menschheitsgeschichte anders verlaufen.«

»Herrlich! Wie originell!« – »Haben Sie das gehört?« – »Wie wahr! Wie wahr!«

Von seiner Frau unbemerkt, winkte Wilde seine Mutter näher. »Mummy begleitet dich nach Hause, Constance, ich komme nach, so bald ich kann.«

»Das ist dein Abend, Oscar«, entgegnete sie. »Genieße ihn und nimm keine Rücksicht auf mich. Ich schlafe längst, wenn du nach Hause kommst.«

»Danke, meine Liebe.« Zart küsste er sie auf die Stirn und manövrierte seine Mutter an Constance' Seite. »Mummy, wärst du wohl so nett …?«

»Geh nur, Oscar. Constance und ich trinken noch einen Sherry zusammen. Nicht wahr?«

»Gerne, Mutter.«

Ein junger Bewunderer drängte sich heran. »Auf Ihrer Amerikatournee habe ich Ihre Lesung viermal besucht, Mr Wilde!«

Oscar musterte das gut geschnittene Gesicht, die blonde Locke über der Stirn, die straffe Brust, das schmale Bein. »Woher stammen Sie, junger Mann?«

»Michigan, Sir.«

»*I wish again, I was in Michigan*«, scherzte Oscar. »Ich erinnere mich noch gut daran, dort aufgetreten zu sein.«

»Wir gehen jetzt, Oscar«, sagte Constance leise neben ihm.

»Ich beneide euch«, log er und bemerkte, dass seine Frau den jungen Mann aufmerksam musterte.

»Das ist ein junger Amerikaner aus Michigan. Er hat meine Lesung viermal besucht.«

»Schon recht, Oscar«, antwortete sie leise. »Gute Nacht.«

Beide durchlebten den quälenden Augenblick zweier Menschen, die einander von Herzen liebten, aber trotzdem nicht vollkommen zusammengehören konnten. Oscar verachtete sich dafür, Constance das anzutun, zugleich kannte er sich gut genug, um den Verlauf der Nacht vorauszusehen. Wie so oft verdrängte er sein schlechtes Gewissen mit einem Bonmot.

»Die Amerikaner sind das einzige Volk der Welt, das ohne Zivilisation von der Barbarei zur Dekadenz übergegangen ist.«

Emporgehoben durch das Gelächter verließ Oscar Wilde das St James's Theatre. Zu seiner üblichen Entourage gesellte sich der junge Mann aus Michigan.

2

Im Morgengrauen

Es war die Stunde, zu der alle, die noch einigermaßen gehen konnten, längst gegangen waren, die Stunde, wenn Worte gelallt, Meinungen verwechselt wurden, wenn niemand wusste, weshalb er eigentlich nicht längst im Bett war.

Oscar Wilde und sein Gefolge hatten zweimal das Lokal gewechselt. Die offizielle Premierenfeier war steif und langweilig verlaufen. Später hatten die Damen der Gesellschaft zwar noch mitgehalten, das Prickeln der Verruchtheit genossen und den Dichter zu weiteren Beweisen seiner spitzen Zunge angestachelt. Doch als man gegen drei Uhr früh abermals aufbrach, folgten Oscar nur noch solche, die wussten, wohin es ihn zog.

Niemand, dem an seiner Reputation auch nur das Mindeste lag, hätte das *Pin Head* aufgesucht, jenes *Nadelköpfchen*, das erst um Mitternacht seine Pforten öffnete und schloss, wenn draußen längst die Sonne schien. Die Spelunke bot gutbürgerliche Stimmungsmusik, Gesang und künstlerischen Ausdruckstanz, nichts, was die Sittenpolizei auf den Plan rufen würde.

»Komm nur, mein kleiner gelber Spatz,
komm, setz dich auf mein Knie.
Sei heute Nacht mein liebster Schatz,
und ich vergess' dich nie – wenigstens bis morgen früh!«

Die kapriziöse Sibyl sang wie jede Nacht ihr Lied, Sibyl mit dem Vogelhut und dem tief ausgeschnittenen Abendkleid, Sibyl mit den ausladenden Hüften. Neue Besucher im *Pin Head* fielen auf Sibyls Schönheit und ihre glockenhelle Stimme herein. Doch manche kamen, um mit Sibyl nach ihrem Auftritt in die Katakomben des *Nadelköpfchens* hinabzusteigen. Wie zu Shakespeares Zeiten, als Frauen noch keine Bühne betreten durften, war Sibyl ein Mann in Frauenkleidern.

Oscar applaudierte Sibyls Darbietung und gestattete ihr, sich auf sein Knie zu setzen, wenigstens so lange, bis der robuste Kerl ihm zu schwer wurde und er ihn mit einem Verehrer in die Katakombe entließ.

Der junge Amerikaner – hieß er Jim oder Jack? – hatte Oscar um eine Lesung gebeten, und er wollte ihm den Wunsch erfüllen. »Aber nur einen winzigen Ausschnitt.«

»Jeden, den Sie wollen, Mr Wilde.«

»Solltest du mich nicht allmählich Oscar nennen, Jack?«

»Ich heiße Jim.«

»Natürlich, Jimmy.« Wilde nahm das Buch zur Hand, das der Junge in seiner Tasche mitgebracht hatte. »Wofür wollen wir uns entscheiden?«

»Die Stelle mit der ägyptischen Katze vielleicht?«, schlug Jim vor. »Wenn Dorian Gray den Fluch herbeiruft und Lord Wotton ihn warnt, die Geister des alten Ägyptens nicht leichtfertig zu versuchen …«

»Ausgerechnet diese Gespensterpistole, die jeder Glaubwürdigkeit entbehrt?«, winkte Oscar ab. »Leider brauchte ich sie, um die Geschichte in Gang zu bringen.«

»Aber es ist das Zentrum Ihres Romans, Sir«, entgegnete Jim. »Ohne die Verwandlung des Bildes wäre doch …«

»Das Zentrum des Romans ist das Faustische«, ging Oscar dazwischen. »Genau wie Faust strebt Dorian nach dem Übermenschlichen. Bei Faust ist es der Drang nach Erkenntnis, bei Dorian nach Jugend und Schönheit.«

»Demzufolge wäre Lord Wotton also Mephisto?«

»Gut kombiniert! Der Lord führt meinen Helden in die Unterwelt und lässt ihn erkennen, dass es genussreichere Vergnügungen gibt als die Ehe mit ihrer unvermeidlichen Voraussicht des Welkens und Alterns. Dorian altert nicht und wird dadurch zum Halbgott, doch leider auch zum halben Menschen, unfähig, so etwas wie Liebe, Freude oder Mitgefühl zu empfinden.«

Während Wildes kleiner Rede war es still geworden. Robbie starrte seinen Freund an. »Dann ist Dorian ein Abbild deiner selbst, Oscar?«

»Ich vergebe dir, Robbie, so etwas Fürchterliches in den Raum zu stellen. Ich hoffe nämlich, Liebe, Freude und Mitgefühl noch in meinem Handwerkskasten zu finden. Sie sind das Rüstzeug jedes Schriftstellers.«

»In letzter Zeit verschleierst du diese menschlichen Tugenden aber hinter Ironie und Herablassung.«

Oscar schlug das Buch zu. »Da wir einen derart scharfen Kritiker im Raum haben, ist es wohl besser, wir verschieben die Lesung auf ein andermal, zum Beispiel, wenn wir unter uns sind, Jimmy.«

»Nein, bitte, Oscar«, flehte der Amerikaner. »Übermorgen geht mein Schiff, ich muss reisen.«

»Wenn das so ist ... *Die Flut wartet auf niemanden*, heißt es, nicht wahr?« Er schlug den Roman wieder auf. »Ihr Wunsch soll erfüllt werden, Jim.« Er blätterte an eine bestimmte Stelle und begann.

»Ihre Frau ist reizend«, rief Dorian Gray.

Lord Wotton entgegnete nach einer Pause: »Das war sie, mein Junge, doch mittlerweile benötigt sie teure Hilfsmittel, um noch für eine Schönheit gehalten zu werden. Die Rechnungen, die ich bezahle, zeugen davon.«

Kopfschüttelnd folgte Dorian dem Lord. »Ich hasse es, wenn Sie so über Ihr Eheleben sprechen, Henry.«

»Wie sentimental Sie doch sind, Dorian.«

»Ich liebe das Sentiment!«, antwortete der junge Mann.

»Sentiment ist nur ein anderes Wort für Selbsttäuschung und damit das Gegenteil von Realität«, hielt Wotton dagegen. »Die Welt unterwirft sich der Realität, dem Hier und Jetzt, Dorian, und das Hier und Jetzt gehört Ihnen. Warum? Weil Sie jung sind. Jugend ist das Einzige, was zählt.«

»So sehe ich das nicht, Henry.«

»Natürlich sehen Sie es jetzt nicht, Dorian, aber die Jugend ist ein kapriziöser Vogel. Sobald sie fortfliegt, fliegt die Schönheit mit ihr davon. Sie werden es am eigenen Leib erleben, sobald das Leben keine Triumphe mehr für Sie bereithält. Bisher waren die Götter gut zu Ihnen, doch was die Götter geben, das können sie genauso schnell wieder nehmen.«

Oscar ließ das Buch auf das Knie sinken und sah Jimmy freundlich an. Irgendwo begann ein Teekessel zu pfeifen. Sibyl, die Sängerin, tauchte wieder auf. Während ihres Gesangs war sie bis ins letzte Fingerglied von einem Zauber umweht gewesen. Inzwischen hatte sie die Perücke abgenommen, ihre Schminke war zerlaufen. Das gelöste Kleid legte behaarte Schultern und Arme frei. Runzeln umgaben Mund und Augen, das matte Karmesin ihrer Wangen nichts als Schminke. Während ihres Auftritts hatte Sibyl märchenhaft geglüht. Jetzt zeigte das Glühwürmchen seine wahre Gestalt.

»Wünscht einer der Gentlemen Tee?«, rief Sibyl mit tiefer Stimme.

3

*Tite Street, Chelsea,
drei Wochen später*

Nachdem Oscar seinen Söhnen das Märchen vom selbstsüchtigen Riesen zum ungezählten Mal erzählt hatte, brachte Constance die Jungen ins Bett, während er an den Schreibtisch zurückkehrte und notierte, was ihn seit den Ereignissen im *Nadelköpfchen* nicht mehr losließ. Es ging um das immerwährende Thema der Verknüpfung von dichterischem Werk und dem Leben des Dichters. Nur einem einzigen Menschen wagte sich Oscar in diesem Punkt zu öffnen.

Meine liebe Freundin Ada,
wem soll ich mich anvertrauen, ohne fürchten zu müssen, er oder sie würden sich als Richter über mich erheben? Bei Dir spüre ich Verständnis und die nötige Künstlerschaft. Ich erbitte beides von Dir und demgemäß Deinen Rat.
Die ›Salomé‹ will sich mir einfach nicht fügen! Das junge, dumme, hübsche Ding entzieht sich meinem Zugriff, dem Zugriff desjenigen, der sie doch erst zum Leben erwecken will! Als blühende Jungfrau möchte ich Salomé darstellen, deren erotisches Verlangen durch die Stimme des Propheten erstmals geweckt wird. Eine große Tragödie schwebt mir vor, aber erst wenige dünne Dialogzeilen spuken über das Papier: »Ich werde deinen Mund küssen, Jochanaan«, spricht Salomé.

»Er ist wie ein Granatapfel, zerschnitten mit einem Messer aus Elfenbein. Lass mich deinen Mund küssen!« –
Darauf erwidert Jochanaan: »Nie, Tochter Babylons!«

Ich will Salomés sinnliche Leidenschaft auf die Askese des Täufers prallen lassen. Da sie ihn nicht verführen kann, tanzt sie vor ihrem Stiefvater den anrüchigsten Tanz, der je gesehen wurde, und fordert ihren blutrünstigen Lohn dafür, die Enthauptung des Täufers. Was für ein Stoff!
Wenn es dem langweiligsten aller Evangelisten, Markus, gelungen ist, diese Geschichte in leuchtende Farben zu tauchen, wieso dann nicht mir, frage ich mich. Ich kann Dir den Grund nennen, Ada, und mir graut vor dieser Wahrheit. Ich beginne an meiner Fähigkeit zur Liebe zu zweifeln. Hat Robbie, mein einfältiger Freund, etwa recht, wenn er in Dorian Gray ein Abbild meiner selbst sieht? Dorian empfindet kein Mitgefühl für die um ihn dahinwelkende Menschheit, der er seine unwandelbare Schönheit gegenüberstellt.
Die Schönheit Dorians habe ich niemals besessen und brauche ihr also nicht nachzutrauern. Aber mein Genie stellt mich auf die gleiche Stufe mit ihm! Höher noch, denn die Welt erhöht mich auf einem Piedestal nie gesehenen Ruhms. Ist es da verwunderlich, wenn mich die Krankheit der Hoffart, der Hybris befällt? Dabei möchte ich lieben, Ada! Ich möchte umarmen und in den Arm genommen werden, will, dass jene, die meinem Herzen nahe sind, zu mir sagen: »Du armer, armer, genialer Junge!«
Meine liebe Constance könnte dieser Mensch sein, denn sie ist die Güte, die Milde, die Liebe selbst. Warum erlaube ich ihr solche Zuwendung nicht in dem Maß, das wir beide

ersehnen? Verzeih, Ada, falls ich Dich mit so viel Offenheit belästige, doch fragen muss ich: Warum können Constance und ich uns dem, was gemeinhin »die ehelichen Pflichten« heißt und was Romantiker »das Glück körperlicher Vereinigung« nennen, weshalb können wir uns dieser harmlosen Verrichtung nicht ungezwungen hingeben?
Zufällig habe ich neulich in Constance' Haushaltskalender Einträge in Form kleiner Herzen gefunden, deren Sinn ich nicht verstand, bis ich zurückrechnete, dass dies jeweils die Nächte gewesen sein mussten, an denen wir nicht in getrennten Zimmern schliefen, sondern beisammenlagen wie Mann und Frau. Beschämt erkannte ich, wie selten, wie viel zu selten ich das Glück meiner Ehe wahrnehme.
Der Grund dafür führt mich zurück zu Salomé. Indem ich das Drama aus der Vorstellungwelt meiner Prinzessin gebäre, sehe ich sozusagen durch Salomés Augen. Und was sehe ich da? Nicht etwa die Prinzessin selbst, deren hübsche, runde Siebensachen den Männern in Judäa die Sinne vernebeln, sobald sie ihre Schleier abwirft. Durch Salomés Augen sehe ich das Standbild der Schönheit, Meisterstück der Schöpfung, Jochanaan! Er ist kein Vollmann mit Bart, die Brust voller Wolle, nein, ich sehe den jungen Propheten im halbzerfetzten Kerkerkleid, das seine Brust in weicher, klarer Strenge freilegt, den starken Arm, die holden Rippen und die schlanken Beine. Indem ich also scheinbar über die verhängnisvolle Leidenschaft Salomés schreibe, gebe ich mich meiner eigenen Leidenschaft hin. Ist das nicht im höchsten Grad verabscheuungswürdig?
Meine Hoffnung geht dahin, dass es hilfreich für mich sein wird, Salomé nicht in meiner Muttersprache zu verfassen,

sondern auf Französisch. Die Begriffe, die in Salomé am engsten beisammenliegen – die Liebe und der Tod –, gehen im Französischen eine suggestiv musikalische Verbindung ein: *l'amour* und *la mort*.

Der Geburt nach bin ich Ire, Ada, im Herzen aber, ich fühle es, Franzose, der dazu verurteilt ist, die Sprache Shakespeares zu sprechen. Nun lege ich meine Beichte demütig in Deine Hände und freue mich, Dir auf dem Ball von Alice, der Fürstin von Monaco, wiederzubegegnen, der uns ja schon in ein paar Tagen zusammenführen wird.

Dein Dir ergebener Freund,
Oscar

Branson Court,
zwei Wochen später

Branson Court Manor war der Sitz der monegassischen Fürstenfamilie in London, unweit von Kensington Palace gelegen, weshalb zu den Bällen und Soireen von Fürstin Alice auch Mitglieder des englischen Königshauses erschienen. Der Anlass des heutigen Fests war das Ende einer Odyssee, die Rückkehr eines kostbaren Diadems ins Fürstenhaus Grimaldi. Während der Napoleonischen Kriege war der Schmuck verschollen gewesen, später in London aufgetaucht, und heute wurde das Diadem Fürstin Alice in einer Zeremonie von Seiner Königlichen Hoheit, Prinz Arthur Albert, Herzog von Connaught and Strathearn, überreicht.

»Und so schließe ich denn mit den Worten, Ihre allergnädigste Majestät, unsere allerhöchste Regentin Queen Victoria, sie lebe hoch, hoch ...« Hier blätterte der Prinz sein Manuskript sinnloserweise um. »Hoch.«

»Hurra!«, kam es wie aus einer Kehle aus dem vollbesetzten Saal.

Lächelnd nickte der Prinz in die Runde. »Persönlich möchte ich hinzufügen, dass ich der Meinung bin, die wahre Bedeutung von Schmuck ist es, uns auszuzeichnen, denn nichts trägt der Mensch so eng am Körper wie Schmuck.«

Während des zustimmenden Gemurmels raunte Oscar Wilde Ada zu: »Was für ein Unsinn. Ich pflege meine Unterwäsche auch am Körper zu tragen, aber ich finde nicht, dass sie mich auszeichnet.«

Sie schmunzelte. »Mit dem Königshaus solltest Du Dich nicht anlegen, Oscar.«

»Prinz Arthur Albert ist einer meiner glühendsten Verehrer.« Er ließ den Blick in die Runde gehen. In unmittelbarer Nähe zum Prinzen hatten sich die Adelsfamilien versammelt. Die Mitglieder des Unterhauses standen in der Ecke gegenüber, aber Oscar interessierte die dritte Gruppe, diejenigen, die gern für bedeutend gehalten wurden, ohne es zu sein. Sein Blick fiel auf Dichter, Schauspielerinnen und Maler am anderen Ende des Saales. Unter ihnen waren kommende Größen, aber auch solche, deren Stern bereits am Verglühen war. In der Loge des Saales empfing Fürstin Alice Vertreter des Hochadels. Durch seine häufigen Parisaufenthalte war Oscar mit Alice befreundet und rechnete damit, zu ihr hochgebeten zu werden.

Der offizielle Teil des Festes war abgeschlossen, nun begann ein Orchester zu spielen, vorwiegend Offenbach, Strauß und Sullivan. Oscar beobachtete juwelenbehangene ältere Damen, die sich abschätzig über freizügig dekolletierte jüngere unterhielten. Dort bekleckerte der Erste Lord der Admiralität seine Ordensschärpe mit Hummersauce, am Tisch daneben winkte der Schatzkanzler einer Dame in der darüberliegenden Loge zu, seine Gattin bemerkte nichts davon. An der Bar scharte ein prominenter Chefredakteur junge Künstlerinnen um sich, die darum wetteiferten, in seiner Kolumne Erwähnung zu finden.

»Wollen wir tanzen?« Ada reichte Oscar den Arm.

»Wenn es einen Tanz gäbe, bei dem ein Gentleman einen überlegenen Gesichtsausdruck annehmen und nicht angestrengt bemüht sein müsste, der Dame nicht auf die Füße zu treten, wäre ich durchaus geneigt, auch ...« Oscar Wilde brach mitten im Satz ab.

»Wozu wärest du geneigt?«, fragte Ada.

»Hm?« Er fuhr sich hastig durchs Haar.

Ada folgte seinem Blick und verstand. »Ich sehe, in welche Richtung deine Neigung geht, und darf mich daher entschuldigen, Oscar.«

»Bitte ... natürlich ...«, murmelte er, ohne richtig hingehört zu haben. Er sah den jungen Mann, der vor einem tiefroten Vorhang stand, nicht zum ersten Mal. Sie waren einander allerdings noch nicht vorgestellt worden. Er war schlank, von mittlerer Statur, das hellblonde Haar fiel ihm in die Stirn. Oscar hatte noch nie in derart kalte, siegessichere Augen geblickt. Mit vorsichtigen Schritten, als könnte er auf einer Eisfläche einbrechen, ging er auf ihn zu.

»Lord Alfred Douglas, wenn ich nicht irre?«

»Wir sind uns schon einmal begegnet, Mr Wilde«, erwiderte der junge Mann und drehte das Spielbein lässig auswärts. »Anlässlich einer Opernpremiere.«

»Wie konnte ich das vergessen?«

»Es war eine langweilige französische Oper. Ich habe mir die Zeit damit vertrieben, Sie in Ihrer Loge zu beobachten, Sir.«

»Mich? Ach, du lieber Himmel. Ihre Langeweile muss sich noch gesteigert haben.«

»Im Gegenteil, es war ein Genuss, Ihre sprechende Miene zu studieren.«

In diesem Moment fand Oscar Wilde Lord Douglas schöner, als es sich sagen ließ. Sein Lachen war sprechend, liebreizend, unverhohlen, mit Lippen, die sich beim Lächeln erst öffneten. Es war kokett, neugierig, leise gequält – es war das Lächeln des Narziss. Dieser Ausdruck durchschauerte Oscar. Er machte ihm auch Angst, denn er ahnte, dieses Lächeln versprach kein Glück. Wenn er diesem lächelnden Mund erlaubte, bis in sein Herz vorzudringen, war Oscar verloren.

»Du darfst so nicht lächeln«, flüsterte er kaum hörbar. »Man darf so niemanden anlächeln.«

»Was meinen Sie, Mr Wilde?« Lord Douglas trat näher.

Ich liebe dich. – Oscar hätte nicht sagen können, ob er die Worte wirklich gesprochen oder nur den Gedanken ausgeschickt hatte.

4

The Café Royale,
drei Monate später

Wildes Haus verfügte über einen Empfangssalon mit hoher Decke, eine offene Küche, zwei Schlafzimmer, ein Kinderzimmer und eine Bibliothek, in der er sämtliche Werke der letzten Jahre geschrieben hatte. Chelsea galt als das Künstlerviertel Londons; es war bei Malern und Dichtern beliebt und ideal zwischen King's Road und Themse gelegen.

Oscar trat auf die Straße und begrüßte den Kutscher, der wie jeden Morgen für ihn bereitstand. »Guten Morgen, Edward.«

»Guten Morgen, Sir. Ein prächtiger Morgen.«

»Sie sagen es. Ich werde daher zu Fuß gehen.« Er erhob seinen Spazierstock wie einen Marschallstab und lief die Straße hinunter. »Folgen Sie, Edward!«

»Wohin, Sir?«

»Ins Café Royale.«

»Café Royale, Sir.«

Die Inneneinrichtung des Etablissements war überladen mit blaugoldenen Säulen, mächtigen Lüstern, einem Boden im Schachbrettmuster und einer blinden Treppe, die an einer Ziegelmauer endete.

Niemand, der Einfluss hatte, wäre auf die Idee gekommen, die Vertreter der Presse irgendwohin *einzuladen,* denn vom Ansehen her rangierten Reporter noch hinter Müllkutschern und

Leichenwäschern. Freiwillig teilten die offiziellen Kreise Londons der Presse nichts mit und wunderten sich, wieso trotzdem genügend durchsickerte, um die Zeitungsblätter zu füllen.

Oscar galt als Lieblingskind der Presse, da seine Aussprüche als druckreif galten und sich die Reporter nicht die Mühe machen mussten, selbst etwas zu formulieren. Es gab einen wöchentlichen Jour fixe im Café Royale, bei dem Oscar Wilde die Journalisten mit Histörchen aus der Metropole versorgte. Das Bier floss schon vormittags in die Gläser. Als gebürtiger Ire trank Oscar Irish Stout.

»Mr Wilde, Sir, eine Frage beschäftigt meine Leser«, rief ein Zeitungsmann quer über den Stammtisch.

»Für welches Blatt schreiben Sie?« Wie alle Herren behielt auch Oscar im Lokal den Zylinder auf.

»*The Echo*, Sir.«

»Keine Zeitung druckt ein grauenhafteres Englisch. Wer unsere Sprache verlernen möchte, sollte zum *Echo* greifen.«

Die Runde lachte, der Mann vom *Echo* stimmte gutmütig ein.

»Und Ihre Frage?«, fuhr Oscar fort.

»Warum tragen Sie immer eine grüne Nelke?«

»Grüne Nelken wirken auf mich, als seien sie noch nicht vollkommen erblüht, ich betrachte sie daher als Sinnbild meiner Selbst.«

Um ihn herum wurde mitgeschrieben. Der Zeichner vom *Observer* proträtierte Oscar mit raschen Strichen.

»Mr Wilde, Ihr *Bildnis des Dorian Gray* wurde heftig kritisiert«, sagte der Vertreter des *Daily Herald*.

»Nicht von mir.« Er trank einen kräftigen Schluck.

»Einflussreiche Kreise halten Ihren Roman für unmoralisch.«

»Ich frage Sie: Was ist Unmoral? Ich zum Beispiel halte unsere engstirnige viktorianische Ära für die schlimmste Ausformung der Unmoral, die man sich vorstellen kann. Mein Roman stellt daher nur eine Arabeske zur Unmoral unserer Zeit dar.«

»Es besteht aber die Meinung, Sir, dass Ihr gesamtes schriftstellerisches Werk auf der Grenze zur Unmoral balanciert«, ließ sich der *Herald*-Mann nicht abwimmeln.

»Ich bin davon überzeugt, dass das Werk Oscar Wildes, dem heute der Vorwurf der Unmoral anhaftet, in hundert Jahren Standardlektüre in den britischen Schulbüchern sein wird. Und dann plane ich, pünktlich vor Ort zu sein, um die Tantiemen dafür zu kassieren.«

Der Reporter gab sich von dieser Replik geschlagen und schrieb das Zitat nieder.

Oscar kam immer mehr in Fahrt. »Ich wundere mich über Sie, meine Herren. Sollten ausgerechnet Zeitungsmänner von *Unmoral* sprechen? Was könnte unmoralischer sein als eine Zeitung? Auf der Titelseite verdammt ihr das Glücksspiel, und auf der Rückseite druckt ihr Tipps für das Pferderennen.« Sein Blick ging quer durch das Etablissement, plötzlich hellte sich seine Miene auf. »Und nun müssen Sie mich entschuldigen, Gentlemen. Ich sehe mich genötigt, weiter an meinem unmoralischen Image zu arbeiten.«

Die Presseleute erkannten, wer soeben eingetreten war, und entließen Wilde mit Pfiffen und zweideutigen Bemerkungen.

»Guten Tag, Bosie«, begrüßte Oscar Lord Alfred Douglas.

Der junge Mann trug einen grauen Cutaway mit aprikosenfarbener Weste, über die Oscar normalerweise eine spitze Bemerkung gemacht hätte, wäre er nicht so verliebt gewesen.

»Bin ich zu spät?«

»Aber keine Sekunde, lieber Junge. Ich bin entzückt, aber auch überrascht, dass wir uns schon zum vierten Mal in dieser Woche treffen.«

»Überrascht, wieso?«

»Wegen des hohen Maßes an Freizeit, über das du verfügst. Ich war der Meinung, das Semester in Oxford hätte wieder begonnen.«

»Das hat es auch. Aber ich werde nicht daran teilnehmen.«

»Warum in aller Welt?« Er winkte dem Kellner und bestellte Champagner.

»Ich soll aus Oxford relegiert werden. Es ist noch nicht offiziell, weil niemand sich getraut, den wahren Grund in die Entlassungspapiere einzutragen.«

»Welchen Grund, Bosie?«

Lord Alfred nahm einen Zug von der Zigarette und steckte sie Oscar in den Mund. Reflexartig schaute dieser sich um, ob jemand die Geste beobachtet hatte.

»Nanu?«, lächelte Bosie. »Du, der faunische Titan, der ganz London durch seine Amoral schockiert, du presst die Schenkel zusammen wie eine Jungfrau?«

»Was ist in Oxford geschehen, Bosie? Hast du dem Dekan an die Hose gefasst?« Sie stießen an. »Aber vielleicht entpuppt sich dein Abschied von der Universität als kluger Schritt: Ich halte nämlich nichts von allzu viel Bildung. Die Unwissenheit ist eine wundersame Blüte. Wenn man sie berührt, verwelkt sie.«

Bosie setzte eine Büßermiene auf. »Es gab einen Skandal in Oxford, wegen eines dortigen Jungen. Du weißt ja, wie provinziell die Stadt ist. Ich selbst fand die Sache vorwiegend amüsant, aber mein Vater ...«

»Ja?«

»Der Marquess of Queensberry sieht das bedauerlicherweise anders. Er war so angewidert von der widernatürlichen Neigung seines Sohnes, wie er es nennt, dass er mich von einem Tag auf den anderen enterbt hat. Wie es aussieht, besitze ich von nun an nicht einen Penny.«

Unter dem Tisch berührte Oscar Bosies Hand. »Warum hast du mir nicht schon früher etwas davon gesagt?«

»Du hast so viel um die Ohren. Alle Welt will deine Meinung über dieses und jenes hören. Du sagst selbst, du kommst kaum dazu, an deinem neuen Stück zu arbeiten.«

»In welchen Schwierigkeiten du auch steckst, lieber Junge, du kannst immer zu mir kommen. Und wenn es sich lediglich um Geldprobleme handelt, brauchst du dir weiter keine Sorgen zu machen.«

Alfred streichelte Oscars Finger. »Du bist äußerst liebenswürdig.«

»Ich bin dir eben zugetan, Bosie. Außerdem, wozu sollte Freundschaft taugen, wenn sie sich nicht in Zeiten der Not bewährt?«

Der Reporter vom *Daily Herald* näherte sich ihrem Tisch. »Wo bleiben Sie, Mr Wilde? Uns geht die Konversation aus.«

»Solange Ihnen nicht der Alkohol ausgeht, Gentlemen, kann es so schlimm nicht sein.« Schwungvoll stand Oscar auf. An den Stammtisch zurückgekehrt, erhob er sein volles Glas. »Meine Herren! Ein Toast auf – die Jugend!«

»Mr Wilde, das klingt, als wären Sie ein alter Mann!«, erwiderte der Mann vom *Echo*.

»Das bin ich, mein Bester. Und ich täte alles, um meine verlorene Jugend wiederzugewinnen – mit Ausnahme von Leibesübungen und frühem Aufstehen.« Er schwenkte sein Glas in Richtung Bosie, der ihm warmherzig zulächelte.

Tite Street, derselbe Abend

»Sagtest du nicht, du wärst zum Lunch zu Hause, Oscar?« Über die Treppe zu den Schlafzimmern kam ihm Constance entgegen.

»Ich hatte ein Treffen mit meinem Verleger.« Er legte Hut und Mantel ab und warf die grüne Nelke in eine Schale im Vestibül.

»Die Kinder warten auf dich.«

»Wieso schlafen sie noch nicht?« Er küsste Constance auf die Wange.

»Sie weigern sich einzuschlafen, bevor du ihnen eine Gutenachtgeschichte erzählt hast.« Arm in Arm liefen sie die Treppe hinauf.

»Daddy! Daddy!«, schallte es ihm entgegen, als er das Kinderzimmer betrat. Cyril hängte sich an seinen Hals, der kleinere Vyvyan umklammerte Oscars Beine.

»Was soll ich davon halten, dass ihr noch nicht schlaft?«

»Wir wollen, dass du den Bären für uns machst.«

»Für den Bären ist es heute zu spät. Außerdem habe ich meine besten Hosen an, da mag ich nicht auf dem Boden herumrutschen.«

»Wie sollen wir dann auf dem Bären reiten?«, argumentierte Cyril.

»Das sollt ihr ja gar nicht. Sucht euch ein anderes Tier aus.«

»Ein Löwe!«, schlug Vyvyan vor.

»Zu gefährlich.«

»Ein Pferd!« Das war Cyril.

»Ich durchschaue dich, Freundchen. Du hast es darauf abgesehen, auf dem Pferd Hoppe-Hoppe-Reiter zu spielen.«

Cyril kicherte, Vyvyan lachte laut heraus.

»Kennt ihr auch dieses Tier?« Oscar zog den Gehrock aus, streckte den Kopf vor und lief mit wackelndem Hals durch das Zimmer.

»Ein Vogel Strauß!«

»Falsch.«

»Ein Pinguin.«

»Wo hast du deine Augen, Vyvyan? Ein Pinguin bewegt sich so.« Er watschelte auf den Jungen zu.

»Was ist das andere Tier, Daddy?«

»Eine Giraffe, ihr jungen Herren! Ich habe eine Giraffe zum Besten gegeben.«

»Wir warten noch auf die Geschichte, Daddy«, sagte Cyril, der einsah, dass man auf einer Giraffe schwerlich reiten konnte.

»Was soll ich euch erzählen?« Oscar hob Vyvyan ins Bett zurück, Cyril kletterte in sein eigenes.

Constance, die lächelnd im Türrahmen stehen geblieben war, verließ mit den Worten »Nicht zu lange, Oscar« das Kinderzimmer.

»Wollt ihr etwas über Drachen hören?«

»Von Drachen hast du uns gestern erzählt«, antwortete Vyvyan.

»Wie wäre es mit der Geschichte vom glücklichen Prinzen?«

»Einverstanden!«, rief Cyril. »Wieso ist der Prinz glücklich?«

Oscar nahm zwischen beiden Betten Platz. »Hoch über der

Stadt«, begann er. »Auf einer schlanken Säule stand die Statue des glücklichen Prinzen. Seine Gestalt war ganz und gar mit dünnen Blättchen von reinem Gold überzogen. Als Augen hatte er zwei strahlende Saphire, ein großer roter Rubin glühte auf seinem Schwertgriff. Der Prinz war schön wie ein Wetterhahn, wenn auch nicht ganz so nützlich.«

Die Jungs kuschelten sich unter die Decken.

Wenige Minuten später läutete es an der Eingangstür im Erdgeschoss. Mary, Haushälterin, Köchin und Empfangsdame in einer Person, öffnete und antwortete auf die Frage eines Unbekannten, dass sie keine Kenntnis habe, ob Mr Oscar Wilde zu sprechen sei. Der Fremde stellte sich als Mr Wood vor und gab an, ein Freund von Lord Alfred Douglas zu sein. Marys Miene verzog sich, als habe sie in eine Zitrone gebissen. Während Constance ihre Reaktionen im Griff hatte, wenn es um die zahlreichen männlichen Freunde ihres Mannes ging, machte Mary keinen Hehl daraus, dass ein Ehemann, der seiner Arbeit in den eigenen vier Wänden nachging, gefälligst öfter zu Hause sein sollte. Ein Mr Wood, der zu abendlicher Stunde Einlass verlangte, wäre von Mary abgewimmelt worden, hätte er nicht das Zauberwort *Lord Douglas* benützt. Oscar hatte Anweisung gegeben, ihn in den Angelegenheiten des jungen Lords immer sofort zu informieren.

»Wollen Sie eintreten, Sir?«, fragte Mary widerwillig. »Wenn Sie hier im Vestibül warten? Ich erkundige mich, ob Mr Wilde Sie empfängt.«

Ein Stockwerk höher erzählte Oscar: »Darauf schmolzen sie das Standbild des glücklichen Prinzen in einem Schmelzofen ein.«

Obwohl beide Jungs eingeschlafen waren, vollendete er die

Geschichte zu seinem eigenen Vergnügen. »Der Werkmeister in der Schmelzhütte wandte sich an seinen Gesellen. ›Ist das aber merkwürdig‹, sagte er. ›Dieses gebrochene Herz will im Ofen nicht schmelzen.‹ Und so warf er es auf den Kehrichthaufen, auf dem auch die tote Schwalbe lag. Gott aber sagte zu einem seiner Engel: ›Bring mir die beiden wunderbarsten Dinge dieser Stadt.‹ Und der Engel brachte ihm das gebrochene Herz und den toten Vogel. ›Du hast recht gewählt‹, sagte Gott. ›Das Wundersamste auf Erden ist das Leid des Menschen, der nicht erkennt, dass er wie jener kleine Vogel künftig in meinem Paradiesgarten singen wird.«

Als er geendet hatte, deckte Oscar die Jungen zu und gab jedem einen Kuss auf die Stirn. In diesem Moment klopfte es, und Mary trat ein.

Oscar fand Mr Wood in der Bibliothek und überraschte ihn dabei, wie er eine Terracottafigur hochnahm und gegen das Licht hielt.

»Mr Wood?«

»Ganz exquisit, Ihr Püppchen, Sir.« Wood stellte die Statuette zurück.

»Dieses *Püppchen*, wie Sie es nennen, ist dreitausend Jahre alt. – Man sagt mir, Sie seien ein Freund von Lord Alfred Douglas.«

Mit schiefem Lächeln zog Mr Wood die Schultern hoch. »Seine Lordschaft ist ein äußerst zuvorkommender Gentleman, sehr freundlich, wenn ich so sagen darf.«

Oscar musterte den späten Gast. Sein Anzug war abgetragen, er hatte einen ungewöhnlich breiten Mund und geradezu riesige Ohren. »Brandy, Mr Wood?«

»Warum nicht, Sir?«

Oscar goss zwei Gläser ein. »Sie kennen Lord Alfred von der Universität Oxford, nehme ich an?«

»Nicht von der Universität an sich, Sir.« Er nahm sein Glas entgegen. »Wir sind uns außerhalb des Campus begegnet. Ich durfte kleine Dienste für Lord Alfred erledigen.«

Oscar setzte sich und bot Wood einen Platz an. »Ich freue mich immer, Bosies Freunde kennenzulernen.«

»Ein feiner Brandy ist das, Sir, er wärmt die frierenden Knochen. – Ich möchte nicht lange um den heißen Brei herumreden …« Mr Wood überreichte Oscar einen Brief samt Kuvert. »Dieses Schreiben kam eher zufällig in meinen Besitz, Sir. Es ist, wie Sie sehen, von Ihnen an Lord Douglas adressiert. Ein sehr poetischer Brief, wenn ich das sagen darf. Allerdings gibt es darin Passagen, die … Wie drücke ich mich aus? Die in der Öffentlichkeit missverstanden werden könnten.«

»Wie sind Sie an diesen Brief gekommen?«, fragte Oscar.

Wood trat an den Kaminsims und begutachtete die darauf ausgestellten Erinnerungsstücke. In einer Schatulle entdeckte er die Milchzähne Cyrils. »Wie gesagt, ich durfte kleine Dienste für Lord Alfred erledigen, Sir, unter anderem habe ich seine Hosen gebügelt.« Auf Oscars fragenden Blick setzte er hinzu: »Er ist heikel in Angelegenheiten seiner Kleidung, wie Sie bestimmt wissen. Ich fand den Brief in seiner Hosentasche.«

Oscar stand ebenfalls auf. »Ich habe so eine Ahnung, dass Sie mir vorschlagen werden, mein kleines Prosawerk von Ihnen zurückzukaufen, Mr Wood.«

Ein schmales Lächeln. »Um offen zu sein, mir wurden bereits sechzig Pfund dafür angeboten, Sir.«

Oscar gab ihm den Brief samt Kuvert zurück. »In dem Fall darf ich Ihnen dringend raten, das Angebot anzunehmen und den Brief zu verkaufen. Mir selbst wurde bisher keine so hohe Summe angeboten, wenn es sich um ein Werk solch überschaubarer Länge handelt.«

In diesem Moment ging eine Verwandlung in dem äußerlich schlangenhaft wirkenden Mr Wood vor sich. Er senkte den Kopf, seine Schultern sanken vornüber, mit leiser Stimme sagte er: »Es tut mir leid, Mr Wilde. Bitte nehmen Sie Ihren Brief zurück. Es war dumm und gemein von mir, zu versuchen, Geld herauszuschlagen.« Er legte das Schreiben auf den Arbeitstisch. »Ich bitte Sie, meine Entschuldigung zu akzeptieren, Sir. Die Wahrheit ist, dass ich in verzweifelter Geldnot bin, und ein hungriger Mensch lässt sich leider verleiten, unmoralische Dinge zu tun.«

Oscar Wilde konnte schwer erklären, warum dieser ungeschickte Mensch ihn rührte, doch er fühlte einen Anflug von Anteilnahme. »Darf ich Ihnen ein Schinkensandwich anbieten, Mr Wood?«

»Sie machen sich über mich lustig.«

»Im Gegenteil.« Oscar klingelte nach Mary.

»Ich sollte jetzt besser gehen, Sir.«

»Trinken Sie erst in Ruhe aus.« Wilde nahm sein Scheckheft zur Hand. »Wenn ich Sie richtig verstehe, gehören Sie zu den bedauernswerten Menschen, die auf die schiefe Bahn geraten sind?«

»Nicht von Anfang an, Sir. Ursprünglich kam ich nach London, um mir Arbeit zu suchen.«

Oscar blies die Tinte des soeben Geschriebenen trocken. »Arbeit ist der Feind jeglichen Genusses, Mr Wood. Und Genuss sollte jeder Mann und jede Frau anstreben.« Er überreichte ihm den Scheck.

Der reuige Erpresser wusste nicht, wie ihm geschah. »Vierzig Pfund, Sir?«

»Ihre halbherzige Kriminalität übt einen gewissen Charme auf mich aus. In meinen Augen führen Sie ein wundervoll verruchtes Leben.«

»Wissen Sie, Sir, in jedem von uns steckt sowohl das Gute als auch das Böse«, antwortete Wood ernst.

»Und nun entpuppen Sie sich auch noch als Philosoph? Ich ahne, dass wir gut miteinander auskommen werden.« Oscar schenkte ihm nach und stieß mit Mr Wood an. »Ihr Wohl, Sir.«

Die Tür ging auf, Mary trat ein. »Sie haben geläutet?«

»Ja, mir scheint, das habe ich. Ursprünglich wollte ich Sie bitten, uns ein Schinkensandwich zurechtzumachen, Mary, doch nun habe ich mich anders entschieden. Mr Wood und ich werden zum Dinner ausgehen. Haben Sie vorhin nicht angedeutet, hungrig zu sein, Mr Wood?«

»Sehr sogar.« Der Mann errötete.

»In dem Fall können Sie schlafen gehen, Mary.« Wilde löschte das Gaslicht und bat Mr Wood ins Vestibül, wo beide ihre Mäntel nahmen und in die Nacht traten.

5

The Athenaeum Club, einige Wochen danach

Aus einem einzigen Grund war es Ada Leverson erlaubt, sich in den Räumen des Gentlemen's Club aufzuhalten, zu dessen Mitgliedern Rudyard Kipling und Charles Darwin zählten. Sie entstammte einer alten Offiziersfamilie. Als Vertraute des königlichen Hauses war ihr sogar der Ehrentitel ›Officer of Her Majesty's Regiment‹ verliehen worden. Da die Auszeichnung seit Jahrhunderten nur Männern zugestanden worden war, machte der Titel sie formal zu einem Mann.

Ältere Clubmitglieder wechselten manchmal immer noch den Raum, wenn Ada sich in einem der Fauteuils niederließ, doch im Allgemeinen schätzte man ihre Besuche. Heute war sie gekommen, um Oscar unter vier Augen zu sprechen. Er verspätete sich weniger als gewohnt: Als sie von ihrer Zeitung aufblickte, gab er bereits Hut und Mantel in der Halle ab. Sie beobachtete, wie er einen Pagen heranwinkte und etwas auf seine Visitenkarte schrieb. »Würden Sie das bitte an diese Adresse bringen?«, hörte sie. »Es ist nicht weit von hier. Ohne Verzögerung bitte.«

Mit einer Verbeugung trat der Page ab.

Oscar eilte auf Ada zu. »Bitte entschuldige! Ich hatte noch ein Treffen mit meinem Verleger.«

Sorgfältig legte sie die *Times* zusammen. »Dass du deiner Frau diese Ausrede auftischst, mag hingehen, ich weiß aber zufällig, dass dein Verleger an die Cote d'Azur gereist ist. Also beschwindle mich nicht. Was darf ich dir bestellen?«

Oscar ließ sich in den Sessel fallen. »Brandy. Einen dreistöckigen.«

Ada winkte dem befrackten Kellner.

»Hast du eine Zigarette für mich? Ich habe meine zu Hause vergessen.«

Ada öffnete ihr flaches Etui. »Was wurde eigentlich aus dem hübschen Silberetui, das du Lord Douglas zu Weihnachten geschenkt hast? Ich habe es Bosie nie benützen sehen.«

Im Schein des Streichholzes sah Oscar sie an. »Der liebe Bosie hat die Angewohnheit, persönliche Gegenstände in seinen Taschen zu vergessen. Er kann sich angeblich nicht erinnern, wo er es gelassen hat.«

Sie beobachtete, wie er hastig ein paar Züge nahm. »Was ist vorgefallen, Oscar? Du siehst elend aus.«

»Ein bisschen müde, das ist alles.«

»Ich sehe dir das schon seit einiger Zeit an, mein Freund. Zunächst nahm ich an, Bosie beansprucht dich in einem Maß, das in deinem Alter erschöpfend sein muss. Doch inzwischen fürchte ich, dass dir der Sinn für das Schickliche oder wenigstens das gerade noch Erlaubte verlorengegangen ist.«

Wilde ließ den Kopf auf die Brust sinken. »Ich weiß, was diese Einleitung bedeutet, Ada. Sie führt gewöhnlich zu einer unerfreulichen Auseinandersetzung, die jedes Mal um das gleiche Thema kreist. Könnten wir das heute bitte vermeiden? Ich bin gerade in so einer friedfertigen Stimmung.«

»Bist du das, Oscar?« Da ihr Gespräch ungehört bleiben sollte, rückte sie näher. »Das glaube ich dir, da du letzte Nacht wieder mit deinem neuen Freund im Savoy diniert hast.«

»Wer trägt dir solche Histörchen zu, Ada? Ich nehme an, du meinst Mr Wood.«

»Ernsthaft, hast du jeden Sinn für Schicklichkeit oder zumindest für die Maske des Anstands verloren? Der Mann ist ein Diener, ein schmieriges Objekt.«

»Ich bin froh, dass ich mich von deiner Neigung zu Standesdünkeln nie habe anstecken lassen. Im Übrigen ist Mr Wood ein guter Freund von Bosie.«

»Macht das dein Verhalten besser? Was will dieser Kerl von dir?«

»Geld natürlich.« Er lächelte. »Was sonst sollten die Armen von den Reichen wollen? Mr Wood besitzt dabei jedoch noch so etwas wie Würde, er hat seinen Stolz.«

»Hast du ihm Geld gegeben?«

»Ich wollte es tun, als Bezahlung für eine wertvolle Sache, die sich in seinem Besitz befand: einen Brief, den ich Bosie geschrieben habe.«

»Mr Wood erpresst dich?«, entgegnete Ada konsterniert.

»Nicht er ist der Schuldige, sondern Bosie. Mit meinem Brief so achtlos umzugehen, dass jemand ihn finden konnte, war nicht nur verächtlich, sondern lieblos einem Gegenstand gegenüber, in den ich ein tiefes, liebevolles Gefühl gelegt habe.«

»Wann wirst du verliebter Narr endlich aufhören, für Bosies Indiskretion und seine Extravaganzen zu zahlen, Oscar? Hast du die geringste Ahnung, wie sehr sich die Leute inzwischen das Maul zerreißen?«

»Ich liebe Skandale, sofern sie andere betreffen, Ada. Wenn es sich um mich handelt, finde ich Geschwätz extrem langweilig, denn es fehlt ihm der Charme der Neuigkeit.«

»Ich bezweifle, dass du das, was ich dir zu sagen habe, langweilig finden wirst, und am Ende möchte ich von dir nur eines hören: dass an all diesen Geschichten nichts dran ist.«

»Da ich nicht weiß, welche Geschichten du meinst, bin ich nicht in der Position, dir zu antworten«, entgegnete er scheinbar gleichgültig und nahm einen Schluck Brandy.

»Mir ist bewusst, dass du dein extravagantes Benehmen als Effekt einsetzt. Du bist Künstler. Die Öffentlichkeit erwartet von dir, dass du dich auffällig benimmst. Aber muss ich dich daran erinnern, dass du nicht mehr der unbekümmerte Stutzer bist, als der du von Oxford nach London kamst? Du bist der erfolgreichste englischsprachige Dramatiker, auf der Spitze deines Ruhmes.«

Wilde räkelte sich. »Hast du mich hergebeten, um mir Schmeicheleien zu sagen?«

»Du bewegst dich auf dünnem Eis, Oscar. Solange du den Hofnarren der besseren Gesellschaft spielst, wirst du von ihr akzeptiert und bewundert. Doch überreize die Toleranz dieser borniertenLeute nicht, die dir heute zujubeln. Sie können dich vom Gipfel deines Ruhmes jederzeit hinabstürzen in die Hölle sittlicher Verachtung.«

»Betätigst du dich neuerdings als Kassandra, Ada?«

»Du hast mir soeben gestanden, dass man dich zu erpressen versucht. Du begibst dich in Kreise von Kriminellen, gehst sogar öffentlich mit ihnen aus. Du benimmst dich mehr und mehr wie dein Dorian Gray, der in die tiefsten Abgründe der Perversion hinabsteigt. Doch er hat sein magisches Gemälde, das Abbild seiner Verworfenheit auf dem Dachboden versteckt. Dem ewig Jungen sieht man seine Ausschweifungen nicht an, also glaubt auch niemand, dass er sie begangen hat.«

»Ada …«

»Hör mich zu Ende an! Du hast kein Bild auf dem Speicher. Du bist nicht mehr jung, hast deine Jugend erkennbar hinter dir. Wenn man dir eines Tages deine Vergehen nachweisen kann, wird man sie dir zutrauen. Und man wird dich dafür bestrafen.«

Gemessen erhob sich Oscar. »Es verletzt mich, dass du unsere Freundschaft benützt, um in meinem Privatleben herumzuspionieren, Ada. Wir befinden uns in einem Gentlemen's Club. Ich nahm an, auf besondere Weise seist du auch ein solcher.«

Unbeeindruckt antwortete sie: »Setz dich, Oscar. Dein Protest wird ordnungsgemäß zur Kenntnis genommen.« Als er trotzig stehenblieb, ergriff sie seine Hand. »Wie steht es um dich und Bosie?«

»Was meinst du?«

»Du würdest wohl kaum mit einem Mr Wood dinieren, wenn Bosie dich glücklich machen würde.«

Langsam sank Oscar in den Sessel zurück. »Wenn Bosie und ich verabredet sind, verspätet er sich, manchmal um mehrere Stunden. Er steigt in London in den teuersten Hotels ab, speist im Savoy und bestellt den teuersten Champagner. Er glaubt, er habe das Recht, ausschließlich auf meine Kosten zu leben, und umgibt sich mit einem Luxus, den er als Sohn des knauserigen Marquess of Queensberry nicht kannte. Dabei fordert er alles ohne jegliche Anmut und nimmt es ohne den geringsten Dank.«

»Oscar, mein Lieber …«

»Die seltenen Male, die ich ihn darauf anspreche, zeigt Bosie mir das Antlitz des Narziss, weist auf sein berückendes Äußeres und sagt: ›Aber dafür bekommst du all das, Oscar! Hast du etwa geglaubt, ich sei ein Strichjunge, der mit kleinen Aufmerksamkeiten gekauft werden kann?‹«

»Bekommst du denn von Bosie *all das*, was du ersehnst?«, fragte Ada nüchtern.

»Ich hätte nicht angenommen, dass ich jemals mit einer Frau darüber sprechen würde.« Hinter verschatteten Lidern sah er sie an. »Die Situation ist absurd. Der alte Queensberry und sogar du glauben, dass Bosie und ich uns Nacht für Nacht lieben würden. In Wirklichkeit verbindet uns ein eher platonisches Verhältnis, denn Bosie … Nun, er tut es nicht gern mit mir. Er bevorzugt Gleichaltrige. Trotzdem liebe ich ihn. Ich versuche, ihn zu bilden und ihn für all die Wunden zu entschädigen, die sein Elternhaus ihm geschlagen hat.«

»Das ist Wahnsinn, Oscar. Du verschwendest dein Leben an jemanden, der nicht ermessen kann, welches Geschenk du ihm machst.«

Oscar lächelte traurig. »Bosie behauptet das Gegenteil. Er sagt, die Waagschale unseres Gebens und Nehmens neige sich zu seinen Gunsten: Er sei es, der in einem fort mein Genie bewundern müsse, pflichtschuldig über meine Bonmots lache, es schmeichele meiner Eitelkeit, wenn ich mich in der Öffentlichkeit von einem so viel jüngeren Mann begleiten lasse. Trotzdem würde ich mich ständig über das bisschen Geld beschweren, das ich ihm gebe.«

Der Page trat heran. »Mr Wood ist hier, um Sie zu sehen, Sir.«

»Danke.« Oscar stand auf. »Verzeih, Ada, ich scheine zurzeit wirklich in einer Dorian-Gray-Welt verhaftet zu sein, ohne die Vorzüge meines Romanhelden zu besitzen. Verachte mich nicht. Ich bin sicher, der Tag kommt, an dem ich deine Freundschaft dringend brauchen werde.« Er ging.

Fassungslos starrte sie ihm nach und beobachtete, wie ein schlaksiger Mann mit Stutzerhut auf ihn zutrat. Auch er trug eine grüne Lilie im Knopfloch. Oscar Wilde hakte ihn unter. Zwei eintretende Herren im Frack musterten die beiden kopfschüttelnd.

The Royal Opera House,
abends darauf

Der schöne Page trug eine rote Uniform mit Goldverzierungen, ein weißes Plastron, elfenbeinfarbene Hosen und zierliche schwarze Schnallenschuhe. Er trat mit einer drängenden Frage auf die Gräfin Almaviva und deren Zofe Susanna zu.

»Sagt, holde Frauen, die ihr sie kennt«, sang er.
»Sagt, ist es Liebe, was hier so brennt?
Ich will euch sagen, was in mir wühlt,
euch will ich's klagen, euch, die ihr fühlt.«

Er brachte seine Verwirrung in Fragen der Liebe so seelenvoll zum Ausdruck, dass er während seiner Arie dramatisch auf die Knie fiel, sprang aber wieder auf und eilte, die Gräfin vergessend, mit ausgebreiteten Armen an die Rampe, um noch einmal zu fragen: »Sagt, ist es Liebe, was hier so brennt?«

In der Uniform des Pagen steckte die allseits beliebte Mezzosopranistin Angela Driscolle. Sie bot die Arie des Cherubino so zauberhaft dar, dass das Publikum im Parkett, vereinzelt sogar in den Logen des Royal Opera House herzlichen Beifall spendete.

In der Pause von *Die Hochzeit des Figaro* flanierten manche Herrschaften durch die Foyers, andere blieben in ihren Logen oder standen in Gruppen auf den Korridoren.

Abseits einer solchen Gruppe lauschte ein Gentleman auf die Konversation der anderen. Es war John Sholto Douglas, der neunte Marquess of Queensberry, gefürchtet dafür, seinen Willen brutal, manchmal sogar mit der Peitsche durchzusetzen.

Ein Herr mit Schnäuzer zündete sich eine Zigarre an. »Was denkt sich dieser Herr Mozart eigentlich, eine Frau in Männerkleidern auftreten zu lassen?«

»Wegen solch vulgärer Ideen schätze ich die Komponisten vom Kontinent nicht«, stimmte einer mit rosigen Schweinchenwangen zu.

»Beethoven stammte auch vom Kontinent«, gab ein Herr mit Dichterkopf zu bedenken. »Und seine Ideen waren niemals vulgär.«

»Gibt es in Beethovens Oper *Fidelio* nicht eine ähnliche Geschmacklosigkeit, eine Lady in Männerkleidern?«, ereiferte sich der Zigarrenraucher.

Darauf wechselte die Diskussion zu Shakespeare, bei dem wiederum Männer in Frauenkleidern aufgetreten seien, was man für weit züchtiger hielt. Das Gespräch wandte sich nun der Gegenwart und ihren verderbten Moralvorstellungen zu.

»Manch junger Gentleman führt sich so geziert auf, als wäre er in Wahrheit eine Frau«, stellte der Rotwangige fest.

»Hier sollte unsere Sittenpolizei einschreiten«, stimmte der mit der Zigarre zu.

»Wissen Sie, warum diese jungen Männer so schamlos sind?«, fragte der Dichterkopf. »Weil sie damit zum Gespräch der Stadt werden. Sie fühlen sich vor der Polizei sicher und glauben, mit jeder Frivolität davonzukommen.«

Der Zigarrenraucher trat an die Balustrade und wies ins Parkett. »So wie er dort unten, der hübsche Blonde. Mir fällt im Augenblick sein Name nicht ein.«

»Wie kann er Ihnen entfallen sein, Sir?«, lachte der Dichterkopf. »Das ist Lord Alfred Douglas, der Sohn vom alten Queensberry.«

Auch die Schweinebacke lachte. »Wenn ich sein Vater wäre, ich würde …«

»Ja? Was würden Sie dann tun, Sir?« Der bisher schweigsame Gentleman hatte harte, stechende Augen und eine ungewöhnlich blasse Haut. Er trug Koteletten, die fast bis ans Kinn reichten. Durch diese Barttracht schien er sein fehlendes Haupthaar ersetzen zu wollen. »Was würden Sie tun?«, fuhr er sein rosiges Gegenüber an, dessen Gesichtsfärbung nun ins Rote spielte.

Keiner der Herren antwortete, niemand wollte sich mit dem gewalttätigen Lord anlegen. Sie schlenderten weiter und bestätigten einander, wie gut ihnen die Aufführung gefiele.

Währenddessen befand sich Lord Alfred Douglas bereits im Aufbruch. Oscar, ein Kenner von *Figaros Hochzeit*, fand, der zweite Teil sei Mozart missglückt, daher holte Bosie bereits ihre Mäntel. Lord Alfred hatte zu Musik keine eigene Meinung und war nur froh, dem Getümmel und Getuschel, das Oscars Präsenz überall auslöste, vorzeitig zu entkommen.

Die Mäntel über dem Arm wurde er von einer Lady im dunklen Abendkleid aufgehalten. »Lord Alfred!«, rief sie. »Sie erinnern sich gewiss an meine Tochter.« Sie schob eine hübsche Debütantin mit gelben Blumen im Haar in Bosies Blickfeld.

»Natürlich«, erwiderte er. »Wie schön, Sie wiederzusehen, Miss.«

Ein älteres Ehepaar flanierte vorbei. »Arme Mrs Summers«, sagte die Gattin zum Gatten. »Sie versucht so verbissen, ihre Tochter unter die Haube zu bringen.«

Der Ehemann hakte sie unter. »Da vergeudet sie bei Lord Douglas allerdings ihre Zeit!« Lachend gingen sie weiter, ohne zu bemerken, dass ihr Wortwechsel an die Ohren des alten Marquess gedrungen war.

Bosie schüttelte den Frauen die Hand und wandte sich zum Ausgang. Mit hasserfülltem Ausdruck verstellte ihm sein Vater den Weg.

»Bosie!«

Alfred versuchte ihm auszuweichen.

»Erkennst du deinen Vater nicht?«

»Was willst du?«, entgegnete Bosie eisig.

»Ich will dir sagen, dass es mich anwidert, dabei zuzusehen, wie du einen weibischen Narren aus dir machst. Du, ein Mann von Adel, schleimst um den perversen Mr Wilde herum, als wärst du sein Schoßhündchen.« Der Lord erhob die Stimme. »Ich werde dieses Benehmen meines Sohns nicht tolerieren!«

»Und dein Umgang, Vater?«, zischte Bosie. »Umgibst du dich nicht gern mit Boxern und kraftstrotzenden Biertrinkern?«

»Die benehmen sich wenigstens wie Männer, nicht wie Tunten!«

Ringsum begannen sich die Leute umzudrehen.

»Ich bin einundzwanzig und habe mich für mein Benehmen vor dir nicht mehr zu rechtfertigen, Vater. Auch was die Wahl meiner Freunde betrifft, brauche ich deine Erlaubnis nicht.«

»Du bist eine Schande für den Namen Queensberry!«, brüllte der Marquess.

Unbemerkt war Oscar hinter die beiden getreten. »Bosie, die Droschke wartet.«

Überrumpelt starrte Queensberry ihn an.

»Darf ich vorstellen, Oscar? Dieser unerfreuliche Gentleman ist bedauerlicherweise mein Vater.«

»Verehrter Marquess –« Mit der allerheitersten Miene verbeugte Oscar sich vor ihm. »Es ist mir ein Vergnügen, Sie endlich kennenzulernen.«

»Das Vergnügen ist ausschließlich auf Ihrer Seite, Mr Wilde.« Als Bosie weitere Beleidigungen verhindern wollte, unterbrach ihn sein Vater rüde. »Schweig! Ich habe diesem Herrn einige Dinge zu sagen. Hören Sie zu, Mr Wilde …«

Oscar zeigte in die Runde der aufmerksam lauschenden Opernbesucher. »Das Publikum hat heute schon genug Dramatik genossen. Wir wollen seine Nerven nicht überstrapazieren.«

»Sie hören sich gefälligst an, was ich zu sagen habe!« Die Faust des alten Lords fuhr hoch, als wollte er zuschlagen.

»Mein lieber Mr Wilde!« Es war Seine Königliche Hoheit, Prinz Arthur Albert, Herzog von Connaught and Strathearn, der an den Dichter herantrat und ihm seine Begleiterin vorstellte. »Die gute Mrs Launtery hat mich gebeten, Sie nach Ihrer Meinung zu Mozart zu fragen.«

Oscar überlegte keine Sekunde. »Nach meiner Meinung hat Wolfgang Amadeus Mozart einen Hang zur Kindermusik. Ich sollte besser meine Söhne in die Aufführung schicken, während ich selbst mich erwachseneren Tätigkeiten widmen könnte.« Er küsste Mrs Launterys Hand. »Ohne Ihnen schmeicheln zu wollen, darf ich sagen, dass Sie wunderschön sind, Ma'am.«

»Ich genieße Schmeicheleien fast so sehr wie Sie, Mr Wilde«, antwortete die Mätresse des Prinzen.

Seine Königliche Hoheit wandte sich an den alten Marquess. »Haben Sie sich etwa zum Opernliebhaber gewandelt, Queensberry? Ich war der Meinung, Boxkämpfe seien mehr nach Ihrem Geschmack.«

Der Prinz und Mrs Launtery kehrten in die royale Loge zurück. Oscar hakte Bosie unter und ging mit ihm hinaus, wo die Droschken in langer Reihe bereitstanden. Mit geballten Fäusten blieb Queensberry in dem sich leerenden Vestibül zurück.

6

Tite Street,
der folgende Abend

»Das Dinner ist bereit.«

Constance bat Mary, mit dem Servieren noch zu warten, bis Oscar zu Hause sei. Eine Viertelstunde später verkündete Mary, wenn jetzt nicht gegessen werde, sei der Braten so hart, dass man jemanden damit erschlagen könne. Da die Jungen hungrig waren, ließ Constance auftischen und erfand eine Ausrede, warum ihr Vater wieder einmal nicht zu Tisch kam. Doch Cyril war inzwischen groß genug, um die Lügen der Mutter zu durchschauen. Constance bat Mary, das Fleisch für Oscar in Milch zu legen, damit er später einen genießbaren Braten vorfinde.

»Schade um das teure Fleisch.« Mary spielte damit auf die unbeglichene Metzgerrechnung an. Auch der Wein- und der Fischhändler hatten angekündigt, die Wildes nicht länger anschreiben zu lassen. Oscars enorme Ausgaben außerhalb seiner häuslichen Verpflichtungen führten mittlerweile zu finanziellen Engpässen. Jedes Mal, wenn Constance ihn darauf ansprach, verwies er darauf, nur sein neues Stück fertigschreiben zu müssen, und ein Geldregen würde die Haushaltskasse beleben.

Constance brachte Cyril und Vyvyan zu Bett und vertröstete sie mit ihrem Wunsch nach einer Geschichte auf den nächsten Abend. Sie hatte es aufgegeben, Gutenachtgeschichten vorzulesen, da die Jungen sie spüren ließen, dass sie auf diesem Gebiet dem vor Fantasie sprühenden, fröhlichen und verspielten Vater nicht das Wasser reichen konnte.

Sie löschte das Licht und ging auf ihr Zimmer, um wie so oft – nichts zu tun. Sie wollte ihre schwachen Augen nicht mit Näharbeiten bei Kunstlicht ermüden. Constance führte keine nennenswerte Korrespondenz, das Klavierspielen hätte die Kinder geweckt. Also nahm sie in ihrem Sessel Platz, stellte die Füße auf den Schemel und blickte aus dem dunklen Fenster. Anders als Oscars Bibliothek ging ihr Zimmer zur Straße; so hörte sie, wenn unten eine Droschke hielt. Manchmal kam Oscar schon um Mitternacht nach Hause, häufiger erst um zwei oder drei Uhr morgens.

Er hatte sie geliebt, dessen war sie sicher, und auf seine besondere Art liebte er sie immer noch. Constance genoss ein behütetes Leben, doch es hatte keinerlei Ähnlichkeit mit dem Leben ihrer Eltern oder der übrigen Familie. Sie hatte sich mit der Tatsache abgefunden, dass es als Frau des berühmten Dichters kein anonymes Leben gab, doch dass ihr ersehntes achtbares Leben eine Illusion blieb, konnte sie nicht akzeptieren. Constance hielt die Fassade der Familie aufrecht. Oscar schien dagegen Spaß daran zu haben, diese Fassade ständig und in letzter Zeit immer öfter zu zerstören.

Sie hatte keine Lust, heute Nacht wieder auf ihn zu warten, enttäuscht ins Bett zu gehen und sich vorzustellen, was er gerade tat und mit wem. Sie wünschte sich, in einer glücklichen Stimmung einzuschlafen. Constance öffnete die Schatulle auf dem Nähtisch und nahm einen Brief Oscars aus ihrer Anfangszeit zur Hand. Wie wunderbar hatte er ihr zu Beginn geschrieben, auch später, als sie schon verheiratet waren.

Selbst Deine körperliche Gegenwart würde Dich nicht realer machen, als ich Dich gerade im Herzen empfinde. Ich fühle Deine Finger in meinem Haar und Deine Wange an der meinen. Die Luft ist erfüllt von der Musik Deiner Stimme. Meine Seele und mein Körper scheinen mir nicht länger zu gehören, sondern mit Dir in einer köstlichen Ekstase vereint zu sein. Ohne Dich fühle ich mich unvollständig.
Stets und immer Dein Oscar

Sie dachte daran, dass Oscar diese *köstliche Ekstase* meist in symbolischer Form ausgedrückt hatte. Auf der Hochzeitsreise hatte er sie mit Blumen überschüttet, doch schon damals war ihr seine körperliche Reserviertheit aufgefallen. Sie hatte ihn so sehr, so unbeschreiblich geliebt, dass sie seine Erklärungen, weshalb ihm der körperliche Akt schwerfalle, glaubte. Constance nahm ihr Tagebuch aus jener Zeit zur Hand.

Ich bin mit Oscar Wilde verheiratet und vollkommen und wahnsinnig glücklich. Wenn er in der Stadt ist, bin ich ununterbrochen mit ihm zusammen, doch wenn er weg ist, bin ich zu elend, um irgendetwas zu tun. Es ist kaum erträglich, so häufig von ihm getrennt zu sein, aber seine Kunst verlangt das. Wir telegrafieren einander. Ach, wenn er nur bald wiederkäme!

Nachdenklich schlug Constance das Tagebuch zu. Oscar war schon länger nicht aus London fort gewesen, trotzdem fühlte sie sich schrecklich einsam. Selbst wenn er im Haus war, kam es ihr vor, als sei er nicht recht anwesend. Das änderte sich nur, wenn er mit seinen Söhnen tollte und spielte und sich so lustig und infantil gebärdete, dass die Jungen vor Begeisterung jauchzten und ihn gar nicht mehr fortlassen wollten. Constance fühlte, dort im Kinderzimmer lebte ein wichtiger Teil des wahren Oscar Wilde, das hemmungslose, verantwortungsfreie, genialische Kind!

Die Geldsorgen belasteten Constance. Ihren Mann zur Eile anzutreiben, damit er endlich sein Stück vollendete, war undenkbar. Ein Drama brauchte eben seine Zeit. Doch Constance war sicher, dass die Arbeit schneller voranginge, wenn er nicht so viel Zeit mit Bosie verbringen würde. In seiner stillen Bibliothek hätte Oscar alle Ruhe zum Schreiben, aber er tauschte sie nur allzu gern gegen die Verlockungen Londons und die Verlockung namens Bosie ein. Über den gestrigen Abend der beiden in der Oper hatte Oscar wenig erzählt, stattdessen über Mozarts Einfallslosigkeit gewitzelt. Kein Wort darüber, weshalb Constance erst um halb drei Uhr morgens die Kutsche kommen hörte.

In letzter Zeit überlegte sie immer wieder, bei der Beschaffung von Geld selbst mitzuhelfen, vor allem um ihrer selbst willen. Der Tag hatte vierundzwanzig Stunden, von denen viele mit den Kindern ausgefüllt waren, doch hoffte Constance, sich mit einer Beschäftigung über jene Stunden hinwegzuretten, in denen Oscar entweder schrieb oder außer Haus war. Allerdings war bei jeder Initiative Constance' größtes Hindernis sie selbst. Während Oscar jede Idee, wie verrückt sie auch sei, sofort in Sprache umsetzte, überlegte sie lange und ausführlich, ob ihre Idee realisierbar wäre, welche Konsequenzen das hätte und immer so weiter, so lange, bis sich die Idee in Luft aufgelöst hatte. In jedem Fall sah sie sich gezwungen, Oscar auf ihre finanzielle Lage anzusprechen; sie empfand es als beschämend, die Händler vertrösten zu müssen.

Constance sah auf die Uhr: Zum Dinner würde Oscar gewiss nicht mehr kommen. Sie schickte Mary schlafen, entkleidete sich, sprach ihr Gebet, in das sie ihren Mann einschloss, und legte sich in ihr einsames Bett.

Der nächste Vormittag

Constance servierte Oscar seine erste Mahlzeit am frühen Nachmittag. Er hatte lange geschlafen und war dann ohne Frühstück in die Bibliothek gegangen, wo er seit mehreren Stunden arbeitete.

Als sie eintrat, lachte er still vor sich hin.

»So fröhlich?«, fragte sie.

»Wie soll ich nicht fröhlich sein, wenn meine Bühnenfiguren derart alberne Späße aufführen?«

»Sie führen diese Späße doch nur auf, weil du es ihnen befiehlst.« Constance schob Papiere beiseite, um das Tablett auf den Schreibtisch zu stellen.

»Du irrst. Sobald sie einmal geboren sind, erwachen meine Figuren zu eigenem Leben. Ich brauche ihnen dann nur noch zuzusehen, ihre tollen Taten und Dialoge mitzuschreiben und bin entzückt, wie possierlich und albern sie sich benehmen.«

Constance zog die Serviette aus dem Silberring und breitete sie auf sein Knie. »Wieso albern, Oscar? Trägt dein neues Stück nicht den Titel: ›Ernst sein ist alles‹?«

»Das ist natürlich ironisch gemeint.«

»Wieso nennst du es dann nicht: ›Ironie ist alles‹?«

Oscar atmete tief ein und aus. Er wollte nicht gönnerhaft oder herablassend wirken, dabei war er überzeugt, dass seine

Frau nicht wirklich verstand, was er da eigentlich tat. »Der Titel ist eine ironische Brechung dafür, dass meine Bühnenfiguren ihr Leben als einen heiteren Frühlingsspaziergang ansehen. Und mein Stück erzählt davon, wie sehr sie sich täuschen!« Er tauchte die Feder in die Tinte.

»Du musst jetzt essen, Oscar.«

»Ich hatte gerade so einen wundervollen Gedanken.« Er schob das Tablett zur Seite.

»Den Gedanken hast du später auch noch.«

Er sah seine Frau lange, verwundert an. »Ach Gott, wie wenig du von meiner Arbeit weißt, Constance. Eine Idee ist ein Vogel. Er bezaubert uns in diesem Moment, doch er ist scheu. Er lässt sich schwer fangen, und im nächsten Moment ist er fortgeflogen. So gut dein Essen auch schmecken mag, es vertreibt den Vogel meiner Idee.«

»Verzeih, dann will ich es nochmals warmstellen.« Sie wollte das Tablett hochnehmen.

»Lass nur. Inzwischen ist der Vogel fortgeflogen. Nicht so schlimm, es werden andere Vögel kommen.« Er beugte sich über die Mahlzeit. »Was ist es?«

Constance nahm die Silberhaube ab und präsentierte sein Lieblingsgericht.

Er küsste ihre Hand. »Ich habe in den feinsten Restaurants Europas gegessen, Liebling, aber nirgends hat mir das Kalbsbries so gut geschmeckt wie bei dir.«

»Du übertreibst.«

»Wäre zu dem Bries nicht ein Schluck Wein angebracht?«

Eine winzige Pause. »Der Händler hat diese Woche nicht geliefert.«

»Warum?«

»Es hat möglicherweise damit zu tun, dass wir ihm achtzig Pfund schulden.« Constance tat ihm auf. »Wir leben auf Kredit, Oscar. Lange kann das nicht mehr weitergehen.«

Er schlug so unvermittelt auf den Tisch, dass die Erbsen vom Teller sprangen. »Wenn unsere Situation wirklich so prekär ist, wieso hinderst du mich dann daran, mein Stück zu vollenden? Sobald das geschafft ist, wird sich der Weinhändler anstellen müssen, um uns beliefern zu dürfen!« Er schleuderte die Serviette in die Ecke und sprang auf. »Das muss jetzt aufhören!«

»Was muss aufhören, Oscar?«

»Die ewige Quengelei, was für ein verschwenderischer Mensch ich bin! Es muss enden, verstehst du mich?«

Constance hob die Serviette auf und wischte damit das Malheur vom Tisch. »Der Einzige, der es beenden kann, bist du, Oscar.«

Er begann langsam und leise zu sprechen. »Soll es mir nicht erlaubt sein, in Frieden mit meinem Werk voranzukommen? Ständig klopft irgendjemand an! Mal sind es Fremde, die Geld wollen, dann ist es Bosie oder Ada oder Robbie. Ist es da verwunderlich, wenn ich in den Club flüchte, wo ich einigermaßen meine Ruhe habe?« Er lief zur Bar und goss sich Brandy ein. »Ich fühle mich bedrängt, Constance, auch von dir. Du gibst mir das Gefühl, ich würde nicht gut für uns sorgen. Ich bin Schriftsteller, in Himmels Namen. Alles, was ich habe, um unser Leben zu finanzieren, ist meine Fantasie. Ich möchte sie zu Papier bringen, aber ständig werde ich unterbrochen. Entweder ich soll etwas essen oder ich soll zahlen oder mit den Kindern spielen oder meine Freunde mit Wortspielen unterhalten! Ich kann nicht mehr, Constance, ich will auch nicht mehr!«

Sie war nicht gewohnt, ihrem wortgewaltigen Mann die

Stirn zu bieten, aber diesmal sollte er mit seinem Lamento nicht davonkommen.

»Bei allem, was du anführst, das dich angeblich ablenkt, vergisst du das Entscheidende, Oscar.«

»Und was ist das Entscheidende, wenn ich fragen darf?« Er leerte das Glas in einem Zug.

Sie nahm all ihren Mut zusammen. »Gib die Freundschaft mit Bosie auf.«

Er starrte sie an, als wäre er geohrfeigt worden.

»Nicht um meinetwillen«, fuhr sie fort. »Für deinen Seelenfrieden. Er nimmt zu viel von deiner Zeit in Anspruch, und es muss einmal gesagt werden: Er höhlt dich aus! Bosie saugt deine Kraft, deinen Schöpfergeist und auch dein Geld aus dir heraus! Und weil du ihn liebst ...«

»Augenblicklich schweigst du still!«, fuhr er sie an.

»Du liebst diesen Jungen, so wie du das Leben liebst, die Natur oder deine Söhne«, fuhr sie sanfter fort. »Du bist ein liebender Mensch, Oscar. Doch ich fürchte, du verschenkst deine kostbare Liebe an einen ... an ein unwürdiges Objekt.«

»Das ist er nicht.« Seine Rage war verflogen, Oscar sprach nun ruhiger. »Er hat es schwer im Leben.«

»Welche Probleme könnte Lord Alfred Douglas in seinem privilegierten Leben wohl haben?«

»Er schämt sich, weil er so unvergleichlich, so engelhaft aussieht, gar nicht wie ein Mann, sondern wie eine wunderschöne Frau. Weißt du, wie schwer das in einer Gesellschaft ist, deren Männer den Bart bis auf die Brust tragen? Man belächelt Bosie als Zwischenwesen, darunter leidet er. Sein Vater unterdrückt und verachtet ihn wegen dieser Weichheit, seine Mutter verwöhnt ihn. Dann schimpft sie wieder mit ihm und nennt ihn verwöhnt. Keiner von beiden schenkt ihm wirkliche Liebe.« Oscar begann im Zimmer auf und ab zu gehen. »Und wenn Bosie all das nicht mehr aushält, dann kriegt er manchmal Wutanfälle. Damit verwandelt er sich gewissermaßen in seinen gewalttätigen Vater, und dafür schämt er sich noch mehr.«

»Ich weiß nur eines, Oscar: Wenn du dich länger zwischen Bosie und den Marquess stellst, wird der Alte dich eines Tages vernichten.«

Erschöpft von der Auseinandersetzung ließ Oscar den Kopf sinken. »Das schafft Bosie schon ganz allein. Dazu braucht er die Hilfe seines Vaters nicht. Queensberry ist ein primitiver Mensch. Ich fürchte ihn nicht.«

»Er steht im Rang hoch über dir. Solange du erfolgreich bist, schützt dich der Erfolg wie ein Kokon. Doch was geschieht, wenn sich das ändert? – Früher hast du ständig geschrieben, Oscar, Tag und Nacht. Die Sprache floss förmlich aus dir heraus. Aber seit du mit Bosie ... Seit du ihn so häufig siehst, was hast du da zustande gebracht? Sehr wenig. – Du weißt, wie sehr ich dich bewundere und liebe, doch du bist auf dem besten Weg, dein Genie zu verschwenden.«

Er lehnte den Kopf auf ihre Schulter. »Ich weiß ... Ich weiß es ja. Und doch, ich kann mich nicht von ihm befreien.«

»Er ist schwach, er ist klein. Erst du machst ihn groß. Du schenkst ihm Anerkennung und Glanz, die er aus eigener Kraft niemals erreichen könnte.«

Schmerzvoll sah er ihr in die Augen. »Constance, als wir geheiratet haben, glaubte ich, ich könnte niemals einen Menschen mehr lieben als dich.«

Sie nahm seinen Kopf in beide Hände. »Und ich liebe dich mehr, als du je wissen wirst, Oscar.«

»Hilf mir«, flüsterte er.

»Warum verlässt du London nicht für eine Weile? Beende dein Stück woanders. Du magst das Meer so sehr. Warum fährst du nicht nach Brighton oder Eastbourne? Um diese Zeit des Jahres ist es dort angenehm ruhig.«

»Eine zauberhafte Idee, Constance, aber wir haben ja nicht einmal das Geld, um den Weinhändler zu bezahlen.«

»Es macht mich glücklich, wenn du wieder zu dir selbst findest, Oscar. Fahr ans Meer, schon morgen.«

7

Brighton Beach im Nebel

Zwischen Eastbourne und Brighton sah man einen einsamen Mann im langen Cape den Strand entlangmarschieren. Über und hinter ihm erhob sich die unverwechselbare Klippenformation der ›Seven Sisters‹. Die Vorstellung, dass hier über Jahrmillionen gelebt und gestorben worden war, damit sich aus den Überresten des Lebens Sedimente und aus ihnen jene hundert Yards hohe Kreideschicht bilden konnte, aus der die Klippen bestanden, beschäftigte Oscar. Neulich hatte er gelesen, dass an dieser Küste Skelettfragmente einer ausgestorbenen Tapir-Art gefunden worden waren, von der über viele Entwicklungsstufen das heutige Pferd abstammte. Der Tapir hatte im Zeitalter des Eozäns gelebt, das gemessen an der Entwicklungsgeschichte der Erde, erst kürzlich, vor nur einhunderttausend Jahren zu Ende gegangen war.

Während Oscar über den groben Kieselstrand mühsam vorankam, meinte er sich zu erinnern, dass das organische Leben auf dem Planeten fünfhundert Millionen Jahre alt sein sollte. Den Mantel eng vor der Brust zusammenziehend überlegte er, ob dem Leben eine noch ebenso lange Frist gegönnt sein würde wie jene, die es schon durchlaufen hatte. Da Oscar sonst niemand zur Verfügung stand, begann er eine Konversation mit demjenigen, der ihm häufig der inspirierendste Gesprächspartner war – mit sich selbst.

»Es hat das Leben nicht immer gegeben und wird es nicht immer geben«, sagte er gegen den Wind und die Wellen. »Das Leben ist eine Episode, und im Maßstab der Äonen eine ziemlich flüchtige.«

Er lachte in den Sprühregen, den die Gischt in sein Gesicht wehte.

»Die Zähigkeit des Lebens ist allerdings enorm. Wir Menschen pflegen unsere Leistungen in trauriger Überheblichkeit als epochal anzusehen.« Er hob den Blick zu den Klippen. »Dabei sind sie nichts im Vergleich zu dem, was aus den Tieren des Meeres an dieser Küste entstanden ist. Hohltiere, Würmer, Stachelhäuter, Gliederfüßler, Urkrebse, Kopffüßer, betagte Schwämme und eingeweidelose Haarstern-Tierchen haben mit ihren kalkhaltigen Schalen, Panzern und Skeletten ein Gebirge aus Kalk entstehen lassen. Sie sollten in die Liste der Weltwunder aufgenommen werden.«

Im Weitergehen fühlte Oscar ein wundersames Prickeln. Jedes seiner Probleme, ob mit Bosie, dem neuen Drama oder seine finanziellen Sorgen, war angesichts der Kraft der Natur und der Vergänglichkeit des Daseins als lächerlich anzusehen. Infolge dieser Erkenntnis hob sich seine Laune von Schritt zu Schritt. Er überraschte sich bei dem Gedanken, dass sein wahrer Glaube nicht einem Gott oder einer Religion gehörte, sondern dem Phänomen, das alles andere regierte, der Vergänglichkeit. Die meisten Menschen, dachte er, hielten die Vergänglichkeit für etwas Trauriges, in Wahrheit war sie die Seele des Seins, das, was allem Leben Wert, Würde und Interesse verlieh, denn sie und nur sie erschuf die Zeit. Und Zeit war die höchste, die nutzbarste Gabe des Menschenlebens, in ihrem Wesen identisch mit allem Schöpferischen, aller Regsamkeit, allem Wollen und Streben zum Höheren und Besseren. Wo es keine Vergänglichkeit gab, keinen Anfang und kein Ende, da existierte keine Zeit – und Zeitlosigkeit war das stehende Nichts, das absolut Uninteressante.

Als vor Oscar die Ausläufer des Seebades Eastbourne auftauchten, kam ihm in den Sinn, dass seine Bewunderung für die Endlichkeit das genaue Gegenteil der Grundkonzeption seines Romans *Das Bildnis des Dorian Gray* darstellte. Dorian hasste die Endlichkeit, da sie den Verlust der Jugend bedeutete, er gebot der Vergänglichkeit Einhalt und erlebte das grausamste Ende, das Oscar zu erfinden imstande gewesen war. Er erkannte, dass der Glaube an die Vergänglichkeit dem unvermeidlichen Altern jeglichen Schrecken nahm, und jeder Mensch tat gut daran, den Brunnen des Alterns bei anderen nicht zu vergiften, da er eines Tages selbst daraus würde trinken müssen.

Er kehrte in die bescheidene Pension zurück, die er sich dank Constance leisten konnte. Die Eingangstür schloss schlecht und klapperte, das hatte sie mit den Fenstern im Haus gemein. Die Tapeten waren verblichen, die Topfpflanzen verstaubt. Beim Eintreten hüstelte er.

»Guter Himmel, wo sind Sie gewesen, Mr Wilde?«, begrüßte ihn die Pensionswirtin.

»Ich habe den Elementen getrotzt, Mrs Bradship.«

Sie nahm ihm das Cape ab. »Sie müssen bis auf die Knochen durchgefroren sein, Sir.«

»Ich habe der Weisheit des Meeres gelauscht.«

»Bei diesem Wetter? Rasch hinauf mit Ihnen aufs Zimmer und die feuchten Sachen ausgezogen!« Sie schob ihn förmlich die Stufen hoch.

»Ich glaube, ich habe gerade mein Stück fertiggeschrieben.« Oscar drehte sich um.

»Wie wollen Sie am Strand geschrieben haben, Mr Wilde, bei diesem Sturm?« Sie scheuchte ihn weiter.

»Hier oben.« Er tippte sich an die Stirn. »Im Geiste ist alles festgehalten, jedes Wort und jedes Ausrufezeichen, jeder Auftritt und jeder Aktschluss, alles fix und fertig in meinem Kopf.«

»Das freut mich, Sir, aber es schützt Sie nicht davor, eine heftige Erkältung zu bekommen, wenn Sie nicht auf sich aufpassen.«

Die Erkältung ließ keinen Tag auf sich warten und gestaltete sich unangenehmer, als Oscar wahrhaben wollte. Sein Fieber stieg auf vierzig Grad. Gemäß Mrs Bradships Anweisungen blieb er im Bett. Sie heizte den Kamin ein, brachte ihm Tee und bügelte seine vom Salzwasser angegriffenen Kleider.

»Sie sind äußerst freundlich, Mrs Bradship«, krächzte er mit einer Stimme, die er nicht als die seine erkannte.

»Wenn wir auf Erden keine Freundlichkeit zeigen würden, könnten wir uns genauso gut in unser Grab legen.«

Oscar zog die Decke unters Kinn und nahm sich vor, die Weisheit der Wirtin in sein Stück einzubauen.

»Jetzt schlafen Sie erst einmal, Sir, und achten darauf, dass Sie schön zugedeckt bleiben. Später bringe ich Ihnen das Dinner.«

»Gott segne Sie, Madam«, murmelte er und war schon halb eingeschlafen.

Am Nachmittag des nächsten Tages entstieg Lord Alfred Douglas in seinem neuen Wintermantel einer Droschke. Verwundert fragte er den Kutscher, ob er ihn zur richtigen Adresse gefahren habe. Mit derselben Ungläubigkeit erkundigte er sich bei Mrs Bradship: »Ist es im Entferntesten möglich, dass einer Ihrer Gäste Oscar Wilde heißt?«

Sie bejahte.

»Wie ungewöhnlich.« Er trat ein und gab ihr Hut und Stock. Mrs Bradship nannte ihm die Zimmernummer, riet aber davon ab, Mr Wilde zu stören. Seine Krankheit sei schlimmer als befürchtet, sie überlege, den Arzt zu rufen.

Bosie lief die Treppe hoch, trat ein, ohne anzuklopfen, und fand den Schlafenden mit offenem Mund, verfilztem Haar und schweißglänzender Stirn. Trotz der Winterkälte riss Bosie beide Fenster auf. Der Geruch im Zimmer ekelte ihn.

»Aufstehen, Oscar!«

Mit einem Keuchen fuhr der Kranke hoch und wusste im ersten Moment nicht, wo er war.

»Willst du dich nicht erheben, wenn deine große Liebe bei dir eintritt?« Selbstgefällig warf sich Bosie in den Schaukelstuhl und streckte die Füße dem wärmenden Feuer entgegen.

Oscar war aus derart tiefem, fiebrigem Schlaf gerissen worden, dass er weder verstand noch antworten konnte.

»Hier versteckst du dich also«, setzte Bosie naserümpfend hinzu. »An diesem grauenhaften Ort hätte ich dich in hundert Jahren nicht vermutet.«

»Bosie?«, murmelte Oscar. »Was willst du denn hier?«

»Ich habe die schrecklich mühsame Reise auf mich genommen, um dich zu sehen. Wirklich, Oscar, was ist das für eine Kaschemme? Man scheut sich ja, hier etwas anzufassen.« Er stand auf und warf die Wäschestücke, die über dem Kamingitter hingen, beiseite. »Ist das etwa deine Unterwäsche, die so riecht?«

»Sag mir, was du hier willst!«

»Ich muss sagen, du siehst schrecklich aus.« Bosie begann im Zimmer umherzuwandern. »Wie hältst du es hier drin nur aus? Diese Bilder, der Nippes! Wenn ich das sehe, will ich mir kaum vorstellen, wie das Essen hier sein muss.« Am Fußende des Bettes blieb er stehen. »Als ich herausgekriegt hatte, dass du dich in Eastbourne versteckst, bin ich natürlich ins Grand Hotel gefahren und habe nach dir gefragt. Dort wohne ich übrigens auch, in einem hübschen Zimmer mit Meerblick.«

»Für das ich die Rechnung bezahlen darf«, seufzte Oscar.

»Ich merke, deine Bosheit kehrt zurück. So schlecht kann es dir also nicht gehen.«

Oscar wälzte sich auf die andere Seite und fasste unter das Kissen. »Ich bin hier, um mein Stück zu Ende zu schreiben.« Er zog die Nase hoch. »Ich muss arbeiten, Bosie!«

»Ich bin der Letzte, der dich daran hindern will.«

»Du tust es aber!« Oscar wälzte sich wieder zurück.

»Was suchst du denn?«

»Mein Taschentuch, verdammt!«

Mit zwei Fingern fischte Bosie es hervor und warf es Oscar angewidert zu. Der schnäuzte sich laut und ausgiebig.

»In diesem Zustand bist du regelrecht abstoßend, Oscar, und kein bisschen amüsant.«

»Ich bin krank!«, brüllte der andere wie ein verletztes Tier.

»Du bist nicht nur krank, sondern auch langweilig. Ich wusste gar nicht, dass du so langweilig sein kannst.«

Als Wilde zu husten begann, sprang Bosie vorsichtshalber zurück. Auf einem Tisch entdeckte er zahllose vollgeschriebene Seiten. »Da haben wir ja das kostbare Werk!« Er nahm die Papiere hoch und las den Titel. »Willst du es wirklich ›Ernst sein ist alles‹ nennen? Ich finde das irgendwie ... affektiert.«

Oscar streckte die Hand danach aus. »Nicht anfassen! Es ist alles in einer bestimmten Ordnung sortiert.«

Bosie scherte sich nicht darum. »Ist es denn irgendwann auch fertig?«

»Bald sogar.«

»Das will ich hoffen, denn Armut steht dir so schlecht zu Gesicht.« Er legte die Blätter beiseite. »Ich bin übrigens böse mit dir, Oscar. Du verschwindest einfach und lässt mich ohne einen Penny in London zurück. Willst du mir etwa eine Lehre erteilen?«

»Ich will in Frieden gelassen werden!«

»Verstehe, der große Dichter hat genug von meiner Gesellschaft und unseren *Gesellschaftsspielen* und zeigt mir ab jetzt die kalte Schulter.« Er sprang auf das Bett zu. »Und was wird aus mir?«

Mit letzter Kraft keuchte Wilde: »Es ist mir mehr und mehr gleichgültig, was aus dir wird, Bosie. Fahr nach London. Lass mich in Ruhe!«

Nach einer Pause entgegnete Lord Douglas: »Das war es dann also? Du bestimmst einfach, dass es vorbei sein soll?«

»So kann es jedenfalls nicht weitergehen. Was wir durchleben, ist nichts als eine kostspielige Quälerei. Es muss aufhören.«

»Wie glücklich wäre mein Vater, wenn er diese Sätze aus deinem Mund gehört hätte! – Ich habe mich dir geopfert, Oscar und jetzt …«

Draußen erhob sich ein plötzlicher Wind, eine Böe wehte zum Fenster herein. Bosie hatte das Manuskript auf die Ablage am Fenster gelegt. Die Seiten wurden emporgewirbelt und über das ganze Zimmer verstreut.

Erschrocken quälte sich Oscar aus dem Bett, fiel im Nachtgewand auf die Knie und begann, die flatternden Blätter einzusammeln.

Breitbeinig stellte sich Bosie über ihn. »Idiotisch sieht das aus, wie du da herumkriechst. Und dieser Gestank! Wann hast du dich das letzte Mal gewaschen?«

»Mein Theaterstück!«

Lord Douglas hob schnuppernd die Nase. »Oder ist das dein Nachttopf? Du erwartest hoffentlich nicht, dass ich ihn für dich leere.«

»Bosie, bitte ...«, flüsterte Oscar mit letzter Kraft.

»In dieser Verfassung bist du absolut uninteressant. Ein Langweiler mittleren Alters mit rinnender Nase. Nur in Bestform bist du etwas wert, Oscar, dann sprühst du vor Geist. In schlechter Verfassung bist du erbärmlich. So sollte dich die Londoner Gesellschaft mal sehen, wie du als getretener Hund über den Boden kriechst.«

Immer weiter nach Papieren haschend, begann Wilde zu weinen. »Hör auf ... Um Gottes willen, hör auf ...«

In unerklärlicher Rage riss Bosie ein Messer hoch, das von der letzten Mahlzeit noch auf dem Tisch lag. »Du bist nicht mehr mein Freund! Und als Geliebter warst du eine Niete! Du erinnerst mich mehr und mehr an meinen Vater!«

Kriechend wich Oscar zurück. »Was tust du denn?«

»Gewalt liegt bei uns in der Familie, das weißt du ja!« Bosie hielt ihm die Messerspitze unter die Nase. Er hatte seine Freude daran, dass der andere, einem Käfer gleich, vor ihm her kroch.

»Bosie, nein!«

»Wie lächerlich du aussiehst, wenn du Angst hast!« Bosie warf das Messer zu Boden. »Du hast Angst vor mir? Das ist das entzückendste Geschenk, das du mir je gemacht hast.« Er ordnete seine Krawatte. »Ich hoffe, es ist nicht das letzte. Ich bin nämlich etwas knapp. Ein freundlicher Scheck würde mir aus der Bredouille helfen. Dann fahre ich gern ins Grand Hotel und lasse dir deine ersehnte Ruhe. Dieser Ort ist mir einfach zu deprimierend.«

Als Wilde nicht reagierte, ließ Bosie den Weinenden zurück. »Ich komme wegen der Angelegenheit morgen noch einmal. Gute Besserung, Oscar.«

8

London im Frühling

Eine Zeitung unter dem Arm entstieg Ada Leverson der Droschke, betrat Oscars Haus und ließ sich melden.

»Mr Wilde arbeitet, Madam«, erklärte Mary. »Aber Mrs Wilde empfängt Sie bestimmt gern im Salon.«

»Ada!« Constance lief ihr entgegen.

»Ich hoffe, ich komme nicht ungelegen.«

»Ich freue mich! Mary, bringen Sie uns bitte Tee.« Constance nahm Adas Hand. »Du bist durchgefroren. Komm in den Salon und wärme dich am Feuer.«

»Der Frühling kann sich noch nicht so recht entscheiden, ob er den Winter hinter sich lassen soll.«

Im Salon nahm Constance eine kupferfarbene Hausjacke von ihrem Nähtisch hoch. »Ich nähe an Oscars Geburtstagsgeschenk. Glaubst du, er wird es mögen?«

»Aber sicher. Die Farbe steht ihm. – Wie geht es ihm denn?«

Freudig blickte Constance hoch. »Viel besser.«

Ada zögerte. »Und ... Bosie?«

Constance lachte. »Das ist endlich vorbei, dem Himmel sei Dank! Ich kann dir gar nicht sagen, wie sich das angefühlt hat: Wenn eine Frau zwischen mich und Oscar getreten wäre, hätte ich es noch irgendwie verstehen können, aber ein anderer Mann?« Sie schmiegte die Hausjacke an ihre Wange. »Dieser Spuk ist vorüber. Oscar ist ständig zu Hause, er arbeitet und kümmert sich rührend um die Jungen. – Ada, ich bin so glücklich wie noch nie.«

»Constance!«, ertönte Oscars Stimme aus der Bibliothek.

»Ich muss das verstecken, sonst ist die Überraschung verdorben.« Rasch legte sie die Jacke zusammen und ließ sie in ihrem Sekretär verschwinden.

»Ist das Ada, die ich gerade gehört habe?« Im nächsten Moment stand Oscar im Zimmer. »Ada, geliebte Sphinx! Dein Hut ist eine Augenweide!« Zwei rasche Küsse, er wandte sich zu Constance. »Wo ist die Flasche Champagner, die wir von Weihnachten aufgespart haben?«

»Du willst so früh am Tag schon trinken?«, entgegnete Constance.

»Natürlich! Es gibt etwas zu feiern.«

Aufgeregt lief sie zu ihm. »Du hast das Stück beendet?«

»Der Vorhang zum dritten Akt von *Ernst sein ist alles* fiel genau in dem Moment, als Ada geläutet hat!«

Constance eilte hinaus, um Mary daran zu hindern, Tee aufzusetzen.

Oscar setzte sich Ada gegenüber ans Feuer. »Du musst einen sechsten Sinn haben, gerade heute zu kommen.«

»Ist dein Stück gut geworden?«

»Ohne mir zu schmeicheln, darf ich sagen, es ist außerordentlich.« Impulsiv ergriff er ihre Hand. »Ada, ich bin in einem regelrechten Arbeitsrausch, und nach der Arbeit habe ich so viel Freude an den Jungen. Sie sind schon groß und verstehen viel mehr. Es ist herrlich, mit ihnen herumzualbern. Und Constance ist mein Schutzengel und achtet darauf, dass ich den Pfad des Gerechten nicht wieder verlasse.« Er lachte, doch dann wurde sein Blick ernst. »Durch meine Frau werde ich nun endlich bürgerlich und dabei ...« Er holte tief Luft. »Langweilig und alt.«

Ada ließ ihn nicht aus den Augen. »Du vermisst ihn, nicht wahr?«

Oscar trat ans Fenster. »Wenn ich manchmal in dieser Jahreszeit am Fluss spaziere und das stahlblaue Wasser betrachte, kommt es mir vor, als spiegelte sich Bosies Antlitz darin. Und dann bin ich so einsam, dass es mir das Herz zerreißt.«

Ada nahm die Zeitung zur Hand, die sie mitgebracht hatte. »Hast du das gelesen?« Sie schlug die Gesellschaftsnachrichten auf.

Im selben Moment trat Constance mit Mary ein. »Wir können die Champagnergläser nicht finden. Es ist so lange her, dass wir sie benützt haben. Ich hoffe, ihr seid einverstanden ...« Sie bemerkte die veränderte Stimmung im Zimmer. »Was ist geschehen?«

Während Oscar las, erklärte Ada: »Bosies Bruder wurde Opfer eines ... Jagdunfalls.«

Constance lief zu Oscar. »Wie schrecklich. Er hieß Francis, nicht wahr?«

Kreidebleich blickte er von dem Artikel auf. »Francis, Viscount Drumlanrig.« Zu Ada gewandt fuhr er fort: »Das war kein Unfall.«

»Sondern?«

»Mord«, antwortete er düster. »Oder schlimmer noch: Selbstmord.«

Constance winkte Mary, sie könne gehen. »Wie willst du das wissen, Oscar?«

»Bosie hat mir erzählt, wie der alte Queensberry nicht nur ihn, sondern jedes seiner Kinder zugrunde gerichtet hat.«

»Wieso soll es kein Jagdunfall gewesen sein?«, ging Ada dazwischen.

Constance las den Artikel ebenfalls. »Hier steht, der Tod trat durch die unsachgemäße Handhabung seiner Waffe ein. Warum soll es sich nicht so abgespielt haben, Oscar?«

»Weil Francis als Lieutenant bei den Coldstream Guards gedient hat. Er wusste, wie man mit einer Waffe umgeht.« Oscar rief Mary wieder herein. »Bitte schicken Sie ein Telegramm an Lord Alfred, Mary.«

Marys Blick ging zu Constance. »Jetzt sofort, Sir?«

»Was soll die Frage?«

»Gehen Sie nur, Mary«, bekräftigte Constance.

Sobald Mary draußen war, fragte Ada: »Was wirst du nun tun, Oscar?«

»Bosie braucht mich jetzt.« Traurig sah er die Frauen an.

The Athenaeum Club, zwei Wochen später

»Es ist mir gleich, was die Leute denken, Oscar. Ich liebe dich.«

Bosie hielt Oscar so innig umarmt, dass dieser einen besorgten Blick zur Tür warf. Zwar waren sie allein im türkisen Salon, doch es konnte jederzeit jemand eintreten.

»Es war eine Qual, von dir getrennt zu sein.« Bosie strahlte ihn an. »Aber nun gehen wir nicht mehr auseinander.«

»Du bist mein Unglück und mein Verderben«, antwortete Oscar zärtlich. Keine Verzweiflung lag in seinem Satz, sondern eine glockenhelle Prophezeiung, die ihm keine Angst mehr machte. Sie nahmen nebeneinander Platz.

»Ich habe an dir viel gutzumachen«, fuhr Bosie bekümmert fort. »Ich war kalt, ich war brutal zu dir.«

»Erwähne es nie mehr, ich bitte dich. Manchmal braucht es ein Gewitter, um die verpestete Luft zu reinigen. Sag mir lieber, wie das Begräbnis gewesen ist? Was war hinterher?«

Da der Kellner eintrat, rückten sie ein wenig auseinander. Oscar bestellte Brandy.

»Die Einsegnung hat bei herrlichem Wetter stattgefunden. Als ich über dem offenen Grab meines Bruders stand, habe ich ihn beneidet.«

»Sag so etwas nicht.«

»Warum nicht? Francis hat das Schlimmste hinter sich. Denn das Schlimmste ist, aus meiner verfluchten Familie zu stammen.«

»Was war die Ursache seines Todes? In der Zeitung steht ...«

»Die Zeitungen wissen nichts. Dafür hat mein Vater gesorgt. Er ging bis zum Premierminister, um eine Untersuchung zu verhindern.«

»Wieso?«

»Weil das Gerücht aufkam, Vater habe Francis selbst erschossen.«

Oscar schrak zurück. »Den eigenen Sohn?«

Ein grimmiges Lächeln flog über Bosies Gesicht. »Nicht nur wir beide sind für meinen Vater eine Qual, oder besser: eine Wunde, die sich nicht schließen will. Was Francis betrifft, halten sich hartnäckige Gerüchte, wonach unser Premierminister seit dem Tod seiner Frau ...«

»Der Graf von Rosebery? Was soll mit ihm sein?«

»Ist es möglich, dass du, der alle Histörchen Londons kennt, davon nichts gehört hat? Rosebery ist schwul.«

»Unser Premier?« Oscar lachte überrascht. »Glückliches Britannien, in dem die Sitten so rasant verfallen!«

»Mein Bruder war Roseberys Privatsekretär. Auch seine Berufung ins Parlament hat Francis nur Rosebery zu verdanken.«

»Ist das wahr?«

Bosie lehnte sich zurück. »Wie mich das amüsiert, dir verruchte Geschichten erzählen zu können, die du nicht schon kennst! Mein Vater hat einen Drohbrief an Rosebery geschrieben, in dem er andeutet, in unserer Regierung gebe es Männer, die keine richtigen Männer sind.«

»Und du glaubst, deshalb hätte dein Vater seinen eigenen Sohn …? Das traue ich nicht einmal ihm zu.«

»Da er eine polizeiliche Untersuchung erfolgreich verhindert hat, werden wir es nie erfahren. Ich halte es für wahrscheinlicher, dass Francis aus eigenem Willen aus dem Leben geschieden ist.«

»Er war erst siebenundzwanzig.«

»Ich sagte es schon: Es ist ein Fluch, ein Queensberry zu sein. Mein Onkel hat sich in einem Bahnhofshotel die Kehle durchgeschnitten.«

Der Brandy kam, sie tranken nachdenklich.

»Nach der Beerdigung hat der Alte uns gezwungen, auf unser muffiges Stammschloss mitzukommen. Ich tat es meiner Mutter zuliebe. Seit sie geschieden sind, behandelt er sie wie eine Bedienstete. Als ich später aufbrechen wollte, kam es zu einer sentimentalen Szene, für die ich ihn noch mehr verachte als für seine Brutalität. Dieser Mann, der mich stets erniedrigt hat, wollte, dass ich länger bleibe, weil es im Haus oft so einsam sei! Mein Bruder Percy, der den Titel erbt, stand daneben, aber Vater beachtete ihn nicht einmal. Als ich ihn keiner Antwort würdigte, bekam er einen seiner Wutanfälle und schrie: ›Das hier ist dein Zuhause! Das ist der Stammsitz der Douglas seit dreihundert Jahren!‹«

»Und du darauf?«

»›Ich bin nicht mehr dein Sohn‹, brach es aus mir heraus. ›Hast du vergessen, dass du mich enterbt hast?‹ – Da hat er seinen Stock gepackt und ist mir schreiend bis in die Auffahrt nachgerannt. Wäre ich nicht in die Droschke gesprungen, hätte er mich geschlagen.«

Oscar zündete sich eine Zigarette an. »Was wollen wir nun unternehmen?«

»Wir?«

»Die Sache mit deinem Vater ist nicht ausgestanden. Sie wird weiter und immer weitergehen.«

»Ich habe schon überlegt, ob ich rechtlich gegen ihn vorgehen soll.«

»Deine Familie in einen Skandal zu ziehen, würde niemandem nützen. Wir sollten uns etwas anderes überlegen, Bosie.« Oscar sah der Rauchwolke hinterher. »Wie wäre es, wenn ich deinem Vater auf gesellschaftlicher Ebene begegnen würde?«

Bosie sprang auf. »Mein Vater, mein Vater! Wir reden schon viel zu lange über ihn. Ich möchte alles über dein neues Stück erfahren, Oscar!« Er hob sein Glas. »Ich trinke auf *Ernst sein ist alles*!«

Entwaffnet sah Oscar ihn an. »Nein. Liebe ist alles, Bosie. Nur die Liebe. Darauf lass uns trinken.«

9

The Wild Ox

Durch Gediegenheit und Eleganz konnte das Restaurant sich nicht hervortun und versuchte es nicht einmal. The Wild Ox war dafür bekannt, dass man die mächtigsten Fleischstücke auf den Teller bekam, mit schwerer, dunkler Sauce übergossen. Seit einer Stunde saßen Oscar und Bosie an diesem obskuren Ort. Lord Alfred behielt die Tür im Auge.

Wilde fasste in seine Tasche. »Ich wollte es dir eigentlich erst heute Nacht geben, aber um uns die Zeit zu verkürzen ...« Er legte ein kleines Etui auf den Tisch.

Ein Kellner trat zu ihnen. »Wünschen Sie noch etwas zu trinken, Sir?«

»Vielen Dank, nein. Aber würden Sie mir sagen, wo ich diesen erstklassigen Essig erwerben kann, guter Mann?«

»Welchen Essig, Sir?«

»Den Sie mir als Rotwein serviert haben.«

Der Angestellte grinste. »Sie haben recht, unser Hauswein ist nicht jedermanns Sache«, sagte er leise. »Nachtisch, Sir?«

»Lieber etwas Hochprozentiges für die Verdauung.«

Der Kellner ging.

Bosie öffnete das Etui. »Oscar!« Mit kindlichem Staunen nahm er ein Paar Manschettenknöpfe heraus.

»Als ich sie im Schaufenster sah, konnte ich nicht widerstehen.«

»Sie sind zauberhaft.« Während Bosie die Knöpfe sofort anlegte, hörte man im Hintergrund eine derbe Stimme.

»Ich setze mich nicht neben die Küche! Frechheit! Den Tisch dort drüben will ich, und zwar für mich allein.«

Der Chefkellner trat zu jenem Gast, dessen ausgeprägte Koteletten im Licht schimmerten. »Stimmt etwas nicht, Mylord?«

»Dieser Trottel schlägt mir vor, ich soll neben der Küchentür sitzen.«

»Verzeihen Sie. Er ist neu hier und wusste nicht, wer Euer Gnaden sind. Wenn Sie mir folgen wollen?«

Oscar und Bosie hatten die Szene beobachtet. »Es ist so weit, mein lieber Junge.«

»Bist du sicher?«

»Willst du etwa kneifen?«

Bosie arretierte den zweiten Manschettenknopf und stand mit bleicher Miene auf.

Lord Queensberry hatte Platz genommen. »Ich nehme den Lachs und die Rinderlende.«

Der Kellner notierte.

»Guten Abend, Vater. Willst du dich nicht zu uns setzen?«, fragte Bosie mit entwaffnender Freundlichkeit. »Ich speise dort mit Mr Oscar Wilde. Komm doch zu uns.«

Der Marquess kniff die Lippen zusammen. Die Adern auf seiner Stirn traten hervor. Misstrauisch musterte er seinen Sohn und ließ sich dazu herab, einen Blick zu dem Tisch zu werfen, von wo Oscar einladend winkte. »Hatte ich dir nicht verboten, dich mit diesem widerlichen Kerl zu treffen?«

»Wie willst du wissen, wie Oscar wirklich ist, wenn du dich weigerst, ihn kennenzulernen? Komm doch, Vater. Du wirst überrascht sein.«

Lord John Douglas, neunter Marquess of Queensberry, zog zwar die Mundwinkel missbilligend herab, stand aber auf und folgte Bosie, der dem Kellner einen Wink gab, einen dritten Stuhl an ihren Tisch zu stellen.

»Oscar, ich glaube, du kennst meinen Vater noch nicht«, stellte er die beiden vor.

»Lediglich aus der Oper«, antwortete Oscar. »Marquess, wie schön, dass wir uns heute unter ruhigeren Umständen wiedersehen.« Er reichte dem Alten die Hand.

Queensberry zögerte. Doch bevor seine Unhöflichkeit unerträglich wurde, ließ er sich zu einem kurzen Handschlag herab.

»Bosie hat mir von Ihrem sagenhaften Instinkt beim letzten Pferderennen erzählt«, begann Oscar, während sie sich setzten.

Queensberry ließ ihn nicht aus den Augen. »Wieso? Mein Pferd hat verloren.«

»Ja, ich bin dort gewesen: Was für ein Pech! Sie wären beim Grand National hundertprozentig als Sieger durchs Ziel gegangen, hätten Sie nicht als Jockey Ihrem Cousin den Vortritt gelassen.«

»Der Idiot hat behauptet, ich sei zu alt dafür. Ich werde nie zu alt sein, meine Pferde zu reiten.«

»Ich bewundere, dass Sie überhaupt zu Hindernisrennen antreten, Sir. Ich selbst bin einmal vor dem großen Oxer abgeworfen worden. Seitdem meide ich die Hindernisstrecke.«

Ungläubig runzelte Queensberry die Brauen. »Sie reiten?«

»Leidenschaftlich, aber vorsichtig. Was nehmen Sie, Sir?«

»Lachs und Rinderfilet.«

»Dem schließe ich mich an«, antwortete Oscar zu Bosies Erstaunen.

»Aber Oscar, wir haben doch schon ...«

»Schon gewählt? Ja, sicher. Trotzdem habe ich Lust, den Lachs zu probieren.« Er hielt sein Brandyglas gegen das Licht der Kerze. »Am besten schmeckt Lachs natürlich, wenn man ihn selbst gefangen hat. – Verzeihen Sie, Mylord, Sie haben nichts zu trinken. Darf ich Sie zu einem Glas dieses exzellenten Vierzigjährigen verleiten?«

Queensberry ließ sich Whisky eingießen. »Wollen Sie mir erzählen, dass Sie angeln, Mr Wilde?«

»Aber ja. Jedes Jahr fahre ich wenigstens einmal nach Hause. Irland ist meine Heimat, Sir. Mein Vater besitzt ein Bootshaus am See. Der Lachs, den man dort fängt, ist mit nichts zu vergleichen.« Er schnalzte mit der Zunge, während Bosie an sich halten musste, um nicht loszulachen.

Queensberry beugte sich vor. »Ich habe davon gehört, dass man zum Lachsfischen nach Irland sollte. Wo genau liegt das Bootshaus ihres Vaters?«

»Ich könnte es Ihnen auf einer Karte zeigen.«

Zwei Stunden später saßen Oscar und Queensberry immer noch beisammen. Bosie hatte sich mit einem anerkennenden Blick zu Oscar zurückgezogen; er habe noch eine Verabredung im Club. Mit jedem Glas, das der Marquess trank, wurde er gesprächiger, aber auch aggressiver.

»Man muss unsere Kirche mit all ihrem Hokuspokus entzaubern!«, rief er. »Deshalb bin ich Atheist geworden. Und ich bleibe es, bis man mich eines Tages verbrennt.«

»Verbrennen, Mylord?« Zurückgelehnt betrachtete Oscar den alten Mann, der sich in Rage redete. »Glauben Sie, man wird Sie wie bei einem Autodafé auf dem Scheiterhaufen verbrennen?«

»Keineswegs, Wilde! Ich spreche von Feuerbestattung. Hat sich in England noch nicht durchgesetzt, doch an mir soll sich kein einziger Wurm sattessen!« Er nahm sein Thema wieder auf. »Worauf fußt denn die Kirche mit ihrem ganzen religiösen Schabernack? Darauf, dass Gott supernatürliche Kräfte besitzt. Humbug, Wilde! Die Natur selbst ist ein Superlativ! Die Wahrscheinlichkeit, so etwas wie den Menschen hervorzubringen, ist verschwindend gering. Trotzdem sitzen wir hier und schlingen tote Tiere in uns hinein. Wozu braucht es da einen Gott?« Er lachte.

Oscar war von der Naturphilosophie des Marquess überrascht. Queensberry mochte ein Raufbold und Schläger sein, doch ein Dummkopf war er nicht.

»Ich sehe das Leben als Reise an, Mr Wilde.« Der Marquess trank das nächste Glas. »Uns bleibt, wenn wir Glück haben, eine Spanne von sechzig oder siebzig Jahren, danach sterben wir, um niemals wiederzukommen.« Er schlug auf den Tisch. »Aber manche Leute fühlen sich dadurch beleidigt! Sie behaupten, zu besonders zu sein, um nach ihrem Tod zu verschwinden. Sie glauben, in den Himmel zu kommen!« Er lachte höhnisch. »Wenn ich allein schon an unser Kirchenoberhaupt denke: Wie kann ein Monarch, die weltlichste Macht auf Erden, für sich in Anspruch nehmen, auch das Himmelreich zu beherrschen? Der Größenwahn der Mächtigen!«

Ein Gentleman mit weißem Haar und weißem Bart trat an ihren Tisch. »Sie haben sich in einer Weise über unsere geliebte Majestät, Queen Victoria, geäußert, die ich auf das Schärfste zurückweise, Sir«, sagte er mit vor Erregung zitternder Stimme.

»Ich habe den Namen der Königin nicht mal erwähnt.«

Der Wortwechsel wurde so scharf, dass der Chefkellner die Herren bat, sich zu beruhigen. Dem Weißhaarigen fehlte die Kraft, dem rabiaten Marquess die Stirn zu bieten, er zog sich zurück.

»Wo war ich?«, fuhr Queensberry fort.

»Beim Größenwahn der Mächtigen.«

»Richtig. Die Dreistigkeit der Obersten wird allmählich unerträglich.«

»Wollen Sie mir ein Beispiel geben?«

»Genügt es nicht, dass unser Premierminister Jude ist? Kann er sich nicht glücklich schätzen, als Israelit in das höchste Amt Britanniens erhoben worden zu sein? Doch er gibt sich damit nicht zufrieden. Kaum hat er seine Frau unter die Erde gebracht, treibt er es unzüchtig mit seinen Staatssekretären. Der verdammte Kerl glaubt, unantastbar zu sein!«

»Dieser Vorwurf könnte Ihnen als Verleumdung zur Last gelegt werden, Sir.«

Mit verächtlichem Lächeln lehnte sich Queensberry zurück. »Dass Sie so ein Verhalten für tolerabel halten, erstaunt mich nicht. Sie gehören ja selbst zu jener lüsternen Gesellschaft. Doch dieses Thema sollten wir meiden, Mr Wilde, weil ich Sie sonst hier im Lokal ohrfeigen müsste.« Er legte die Maske des betrunkenen Plauderers ab. »Ich verbiete Ihnen, sich weiterhin mit meinem Sohn zu treffen.«

»Wie wollen Sie es mir verbieten, Mylord?«, entgegnete Oscar überrascht. »Ihr Sohn ist volljährig und Herr seiner Taten. Sein Erbe haben Sie ihm bereits entzogen, welches Druckmittel sollten Sie also noch besitzen?«

»Sie werden mein Druckmittel zu gegebener Zeit am eigenen Leib verspüren, Wilde, Sie dreckige schwule Sau.«

»Oh, Sie lassen sich zu Kosenamen herab, Mylord? Ich will mir verkneifen, Sie bei dem Ihren zu nennen.«

»Verkneifen Sie sich, was Sie wollen, und verrotten Sie in der Hölle, Sie Dreckstück«, presste Queensberry zwischen den Zähnen hervor. »Man sollte Sie auf einen Scheiterhaufen packen und bei lebendigem Leib verbrennen.«

»Dieses Privileg wollten Sie doch für sich selbst in Anspruch nehmen, und ich kann Ihnen in dieser Absicht nur zustimmen.«

Queensberry sprang auf. »Sie mieser …!«

»Lassen Sie mich bitte die Rechnung übernehmen, Mylord.« Oscar winkte dem Kellner. »Bosie berichtet mir, Sie pflegen Ihr Geld lieber bei den Dirnen auszugeben.«

Queensberry holte zum Schlag aus. Doch da im selben Moment zwei kräftig gebaute jüngere Männer aufgestanden und schützend neben den stadtbekannten Dichter getreten waren, besann sich Queensberry und stürmte wortlos aus dem Wild Ox.

10

St James's Theatre im Frühling

George Alexander galt als erfahrener Regisseur für leichte Komödien. Gerade deshalb war Oscar Wilde dagegen gewesen, dass er die Uraufführung von *Ernst sein ist alles* auf die Bühne bringen sollte. Doch die Geschäftsleitung des Theaters hatte schon einen Vertrag mit Alexander geschlossen, ohne den Autor des Stücks zu informieren.

Die künstlerischen Differenzen begannen bereits bei der Besetzung. Über die weibliche Hauptrolle der Gwendolyn konnten sich die beiden einfach nicht einigen. Als der Autor wenige Tage vor Probenbeginn das Theater betrat, wurde er Zeuge eines Verrats. George Alexander sprach mit einem Reporter des *Daily Herald*. Statt durch den Mittelgang weiterzugehen, hielt er sich hinter den schweren Samtvorhängen verborgen, die das Parkett von den billigeren Parterresitzen abtrennten.

»Ich wäre dir dankbar, Hal, wenn du das in der Redaktion für die Abendausgabe noch unterbringen könntest«, sagte der Regisseur.

»Wie soll der Text lauten, George?«

Alexander überlegte. »Wie wäre es damit: *Die Meldung über die Besetzung von Irene Vanbrugh für das neue Stück Oscar Wildes stellt sich als Missverständnis heraus.*«

Der Zeitungsmann notierte. »Wer wird denn die Hauptrolle spielen?«

»Das sage ich dir, sobald ich Wilde von meiner Wahl überzeugt habe«, antwortete Alexander. »Es braucht Geschick, um ihm meine Idee als seine eigene zu verkaufen.«

Der Reporter schob den Hut in den Nacken und verließ den Zuschauerraum, ohne Oscar zu bemerken.

Der ließ eine Minute verstreichen und näherte sich dann dem Regieplatz scheinbar unbefangen. »Guten Morgen, mein Lieber. Bin ich zu spät?«

»Wofür?«

»Spricht heute nicht Miss Vanbrugh für die Rolle der Gwendolyn vor?« Er legte Hut und Stock auf den Tisch des Regisseurs und setzte sich.

»Verzeihen Sie, ich habe vergessen, es Ihnen ausrichten zu lassen: Miss Vanbrugh hat abgesagt. Sie fühlt sich nicht wohl.«

»Wirklich?« Oscar legte naives Erstaunen in seine Worte. »Gestern sprach ich noch mit ihr. Sie sagte, sie freue sich, für die Gwendolyn in Betracht gezogen zu werden. Und vorhin hat sie das Theater durch den Künstlereingang betreten. Ich bin fast sicher, dass sie hinter der Bühne wartet.«

Alexander setzte sich in die Reihe vor Wilde und redete eindringlich auf ihn ein. »Irene ist nicht die Richtige für die Rolle. Sie ist zu neckisch, zu oberflächlich, sie ist nur süß und nichts weiter. Doch diese Figur braucht Tiefe und Lebenserfahrung.«

»Genau deshalb haben wir sie zum Vorsprechen bestellt«, antwortete Oscar unbeeindruckt und wandte sich zur Bühne, die von einer einsamen Gaslampe beleuchtet wurde. »Eddie, haben Sie Miss Vanbrugh heute schon gesehen?«

»Sie steht neben mir, Sir!«, antwortete der alte Theaterinspizient.

Alexander war sichtbar verärgert, dass sein Plan durchkreuzt wurde. »Haben Sie Miss Vanbrugh die weiße Linie gezeigt?«, rief er nach oben.

»Das habe ich, Mr Alexander.«

»Ist das nötig?«, mischte sich Wilde ein. »Irene hat in diesem Haus bereits gespielt.«

»Aber nur eine Nebenrolle. Ihr Stimmchen ist zu dünn. An der Rampe hört man sie natürlich, aber ich muss überprüfen, ob ihre Stimme auch weiter hinten trägt.«

»Wenn Sie es für richtig halten.« Oscar zog seine Handschuhe aus.

Der Inspizient begleitete Miss Vanbrugh auf die Bühne und platzierte sie auf einer weißen Linie, die nahe an der hinteren Brandmauer lag.

»Guten Morgen!«, brüllte die Schauspielerin.

»Ich freue mich, Sie wiederzusehen, und noch dazu in diesem lavendelfarbenen Kleid«, antwortete Wilde ebenso laut.

»Wenn Sie dann so weit sind!«, ging Alexander dazwischen.

Miss Vanbrugh schlug ein Textbuch auf. »Darf ich sagen, dass ich Ihr neues Stück großartig finde, Mr Wilde? Es ist so frech und die Verwechslungskomödie hat mich ...«

»Mr Wilde weiß selbst, was er geschrieben hat«, schnitt ihr der Regisseur das Wort ab. »Beginnen Sie!«

»Kann ich nicht wenigstens ein kleines Stück weiter nach vorn kommen?«

»Das Theater hat zweitausend Plätze, und man muss Sie auch auf dem hintersten Sitz der letzten Galerie glasklar verstehen!«

Oscar fand die Art, wie die Künstlerin behandelte wurde, impertinent. Daher rief er: »Sehen Sie meine grüne Nelke, Irene?«

»Ich kann hier oben fast gar nichts sehen, Sir, aber ... ja, Ihre Nelke leuchtet aus dem Dunkel.«

»Senden Sie Ihre Worte bitte nach meiner Nelke aus. Ich bin sicher, man wird Sie im ganzen Haus verstehen.«

»Danke, Mr Wilde.«

Irene Vanbrugh begann als Gwendolyn zu sprechen: »›Ernst, wie Sie wissen, leben wir in einer Zeit der Ideale. Mein Ideal ist es immer gewesen, jemanden zu lieben, der Ernst heißt. Als ich erfuhr, dass Sie Ernst heißen, wusste ich, mein Schicksal ist es, Sie zu lieben.‹«

Mit einem zweiten Textbuch trat der alte Eddie dazu und sprach die Zeilen von Gwendolyns Partner. »›Und wenn ich nicht Ernst hieße, könnten Sie mich dann nicht lieben?‹«, las er ohne jegliche Emotion.

Eddie war ein gebeugter Mann mit schütterem Haar, kleiner als Irene. Doch als er ihr diese Frage stellte, nahm ihr Gesicht einen Ausdruck von solcher Liebe und Entzücken an, dass der alte Mann sie überrascht ansah.

»›Aber Sie heißen glücklicherweise Ernst, Ernst! Oh, wie ich diesen Namen liebe.‹« Sie umarmte den greisen Inspizienten und gab ihm einen Kuss auf die hohe Stirn.

»›Mein Liebling, mein Liebling‹«, las Eddie die Dialogzeile ab.

»›Ernst ist ein göttlicher Name! Es liegt Musik darin, er ruft Schwingungen in mir wach!‹« Hier öffnete Miss Vanbrugh den obersten Knopf ihrer Bluse, um sich Kühlung zuzufächeln.

Der Regisseur stöhnte. »Danke, Miss Vanbrugh, das ist ja ganz nett, aber könnten Sie dabei bitte weniger ... demonstrativ sein?«

Oscar beugte sich zu ihm. »Gerade das fand ich so entzückend. Gwendolyn ist ein Mädchen aus gutem Haus, zugleich befindet sie sich im Übergang vom Mädchen zur Frau. Sie weiß mit ihren Gefühlen noch nicht umzugehen und übertreibt daher.« Er hob den Kopf zur Bühne. »Ganz wunderbar, Irene! Genau so habe ich mir Gwendolyn gedacht, als ich sie schrieb.« Er stand auf. »Wir melden uns noch heute bei Ihrem Agenten.«

»Danke, o vielen Dank, Mr Wilde!« Da Miss Vanbrugh nicht wusste, wohin mit ihren Glücksgefühlen, gab sie dem überrumpelten Eddie einen weiteren Kuss.

Nachdem Oscar Wilde das Theater verlassen hatte, traf sich George Alexander erneut mit dem Reporter vom *Daily Herald*.

»Hast du die Notiz über die Besetzung schon herausgenommen, Hal?«

»Genau wie du gesagt hast, George.«

»Vielleicht druckst du sie besser doch. Miss Vanbrugh wird die Hauptrolle in Mr Wildes Stück wohl spielen. Und, Hal –«

»Ja?«

»Wenn Mr Wilde ankündigt, dass er *Krieg und Frieden* als Lustspiel auf die Bühne bringt, kannst du ihm das ruhig glauben.«

St James's Theatre, vier Monate später

OSCAR WILDE – stand in meterhohen Lettern auf dem Plakat, der Titel seines Stückes in kleineren Lettern darunter: *Ernst sein ist alles.*

Ganz London war gekommen, jeder, der sich eine künstlerische Meinung anmaßte, und auch alle anderen, die sich nur amüsieren wollten. Die Premiere war dreimal verschoben, die Besetzung mehrmals geändert worden. Es hatte Unfälle, finanzielle Schieflagen und Auseinandersetzungen gegeben. Sobald das eine Chaos abgewendet worden war, tauchte das nächste auf: Chaos wurde zum Prinzip, aus dem das Wunder Theater entstehen sollte.

Heute wollte man das Ergebnis endlich zeigen – zum Guten, zum Schlechten, wer konnte es sagen? Aus Angst, Schweiß und Hektolitern von Tee war die Aufführung von Wildes Stück geboren worden. Auch er, der sonst seinen Premieren gelassen von der Seitenbühne aus beiwohnte, war krank vor Lampenfieber. Von Anfang an hatte ihn eine Vorahnung beschlichen, dass diesmal etwas schiefgehen könnte. Daher verdrückte er sich vor der Vorstellung lieber in die Kulissen, verknotete vor Aufregung die Finger und fühlte Schweiß über die Schläfen rinnen. Ob die Schauspieler gut oder schlecht sein würden, ob die Kostüme gefielen oder nicht, nur an seinem Drama lag es, ob der Daumen am Schluss nach oben oder unten gehen würde. Von seinem Versteck aus beobachtete er die Künstler, die sich für die Aufführung bereitmachten.

Als das Ensemble mit den Proben begann – für Wilde schien das Jahre zurückzuliegen –, waren alle zuversichtlich gewesen. Am ersten Probentag hatten sie sich auf der Bühne um einen großen Tisch versammelt; Oscar saß mitten unter ihnen. Der alte Eddie goss unablässig die Teetassen voll. Anfangs wurde über Oscars Dialoge, seine Wortspiele und Anspielungen auf die Londoner Gesellschaft noch gelacht, doch je länger sich die Leseprobe hinzog, desto trüber wurde die Stimmung. Mehr und mehr bekam man den Eindruck, der Lesung einer griechischen Tragödie beizuwohnen.

Als sie endlich den Schluss erreicht hatten, verheimlichte der Regisseur nicht, dass er von dem Ergebnis deprimiert sei. Auch der Autor war ernüchtert, täuschte aber Zufriedenheit vor und versuchte, das Ensemble aufzumuntern: Bei einem Erfolg würden sie das Stück zwei Jahre lang ununterbrochen spielen. »Bei einem Misserfolg allerdings höchstens zwei Tage«, setzte er scherzhaft hinzu. Die darauffolgende Stille war vielsagend.

Die Proben begannen. Irene Vanbrugh hatte die meisten Szenen mit Ben Webster, dem Darsteller geschmeidiger Verführer und furchtloser Abenteurer. Privat war Webster ein stiller, gläubiger Mensch, der als Katholik ständig einen Rosenkranz bei sich trug.

Nach zwei Wochen setzte der Regisseur die erste Durchlaufprobe an. Zu Beginn kippte der Requisitentisch um, und alles rollte auf die Bühne. Miss Vanbrugh verpasste mehrere Auftritte, da sie mit dem Umkleiden nicht zurande kam. Ihr Abendkleid für den ersten Akt, das das Publikum in Entzücken versetzen sollte, hing wie ein Umstandskleid um ihre Hüften. Als sie ihr Stichwort verpasste, brüllte Alexander von unten: »Warum ist Miss Vanbrugh nicht beim Auftritt?«

»Weil das Kleid eine Katastrophe ist!«, schrie sie zurück.

»Dann kommen Sie eben, wie Sie sind!«

Provozierend trat Irene in ihrer Unterwäsche auf. Aus dem Zuschauerraum wurde geklatscht und gepfiffen.

Noch während der Probe warf Alexander zwei Schauspieler hinaus. Der eine, er hatte drei Kinder, verließ mit verzweifeltem Gesicht die Bühne, der andere rief den Kollegen zu: »Steigt aus, solange ihr noch könnt! Dieses Schiff ist dem Untergang geweiht.«

Da das Bühnenbild noch nicht existierte, wurde die Dekoration mit gemalten Linien auf dem Boden angedeutet. Eine weiße Linie bedeutete *Schrank*, eine rote *Mauer*, eine gelbe *Fenster*. Nur die Türen standen originalgetreu da. Als Miss Vanbrugh eine Tür öffnete, fiel diese um und traf Ben Webster am Kopf. Er brach zusammen wie vom Blitz gestreift. Während er verarztet wurde, glitt der Rosenkranz durch seine Finger.

Bei einem großen Ensembleauftritt kam es zum Durcheinander. Dabei drängten die Schauspieler Rose Leclercq, die große alte Dame des Londoner Theaters, gegen die Brandmauer, bis sie mit ihrem Sonnenschirm um sich schlug und die Kollegen anschrie: »Habt ihr keine Augen im Kopf? Hier stehe ich und sonst niemand!«

Im zweiten Akt platzte Irene der Kragen. Ihr Sommerhut war so riesig, dass er ihr ständig über die Augen rutschte. Mit dem Wutschrei: »Den Hut können Sie selbst aufsetzen!«, schleuderte sie das Ding in den Zuschauerraum.

Das Ensemble war am Ende, doch der Regisseur brüllte: »Weiter! Macht weiter! Ich will die Zeit stoppen.«

Nachdem es endlich vorbei war, kamen die Darsteller, die Bühnenarbeiter und der alte Eddie an die Rampe und warteten, was George Alexander sagen würde. Oscar Wilde, der sich die Katastrophe vom Parkett aus angesehen hatte, nahm Hut und Stock und verließ wortlos den Zuschauerraum. Alexander und der Geschäftsführer zogen sich in die letzte Reihe zurück und tuschelten.

Rose Leclercq fand die richtigen Worte für die allgemeine Stimmung: »Da haben wir uns fünf Stunden lang die Seele aus dem Leib geblökt, aber die hohe Leitung schweigt sich aus. Als ob wir nicht wüssten, dass es grauenhaft war.«

Durch die permanente Überanstrengung wurden die Darsteller einer nach dem anderen krank. Der beigezogene Arzt erklärte, die Stimmbänder von Ben Webster hätten die Farbe reifer Tomaten. Ben spielte die Proben zwar weiter, bewegte dabei aber nur die Lippen. Der alte Eddie las den Text von der Seite.

Als die Originaldekoration eintraf, erreichte das Chaos seinen Höhepunkt. Das Bühnenbild bestand aus so vielen Einzelteilen, dass nicht alle ins Theater passten. Überall wurden Dekorationsteile gelagert, im Foyer, auf den Garderobengängen, sogar im Freien. Obwohl es wegen der Pannen zu endlosen Pausen kam, durfte niemand das Theater verlassen. Das Ensemble hatte sich eine Art Privatleben auf der Bühne eingerichtet. Miss Leclercq las Bücher über französische Gartengestaltung. Wenn Ben Webster nicht betete, schnitt er Bilder von Segelbooten aus und klebte sie in ein Album. Miss Vanbrugh begann zu stricken. Um weiteren Erkrankungen vorzubeugen, braute eine Schauspielerin auf der Seitenbühne einen Heiltrank, der bei den Kollegen sehr beliebt war, da er neben Ingwer einen hohen Anteil Alkohol enthielt.

Einmal, kurz nach Mitternacht, gab Alexander bekannt: »Wir probieren jetzt noch das Finale vom dritten Akt!«

Oscar Wilde stand auf und trat in die Mitte des Zuschauerraumes. »Das wird nicht nötig sein. Sollten wir bei dieser Vorstellung das Finale überhaupt erreichen, werden sämtliche Zuschauer bereits gegangen sein und mit ihnen die Kritiker, um ihre Verrisse zu schreiben.« Er zog seine Taschenuhr. »Die Aufführung dauert viereinhalb Stunden. Bei dieser Länge müssten wir dem Publikum Geld bezahlen, damit es durchhält.«

Wenig später sah man Oscar ratlos auf den Stufen des Theaters sitzen. Leise nahm Irene Vanbrugh neben ihm Platz.

»Sie arbeiten seit sechzehn Stunden, Irene. Wie halten Sie das nur durch?«

»Vor der Premiere hat jeder Tag achtundvierzig Stunden, wussten Sie das nicht, Mr Wilde?« Sie lächelte.

Er betrachtete sie von der Seite. »Sie haben Flecken am Hals. Das ist mir schon während des Durchlaufs aufgefallen.«

»Das sind die Nerven.«

Er legte ihr die Hand auf die Stirn. »Sie haben Fieber.«

Ein Arzt untersuchte Miss Vanbrugh. Als Oscar dazukam, wurde George Alexander gerade von einem hysterischen Lachkrampf geschüttelt. Miss Leclercq genehmigte sich einen Brandy. In der Hosentasche von Ben Webster hörte man den Rosenkranz klickern.

»Was hat sie?«, fragte Oscar.

»Die Röteln«, antwortete der Doktor.

»Wir müssen umbesetzen«, sagte Alexander.

Oscar ging dazwischen. »Wie lange dauern Röteln, Doktor?«

»Mit Medikamenten ungefähr zwanzig Tage. Und die Patientin sollte im Dunkeln bleiben.«

»Auf einer Bühne im Dunkeln?« Der Regisseur schien am Rande des Wahnsinns.

»Kann sie in diesem Zustand proben?«, fragte Oscar.

»Nein.«

»Ich möchte trotzdem weiterspielen.« Unbemerkt war Irene eingetreten.

»Es ist ansteckend«, sagte Alexander. »Am Ende haben wir alle die Röteln.«

Oscar bat Eddie, die Schauspieler zusammenzurufen. »Ich möchte mit dem Ensemble sprechen.«

»Sind alle da?«, rief Eddie wenig später.

»Miss Vanbrugh hat die Röteln«, begann Wilde. »Trotzdem gibt es für mich im gesamten Königreich keine andere, die die Gwendolyn spielen könnte. Ich gehe so weit, zu sagen: Ohne Miss Vanbrugh findet die Premiere nicht statt.«

Um ihn wurde es mucksmäuschenstill.

»Ich überlasse Ihnen die Entscheidung, liebe Kollegen. Entweder wir finden einen Weg, mit Miss Vanbrugh weiterzuarbeiten, oder wir müssen die Premiere auf unbestimmte Zeit verschieben.«

Miss Leclercq ergriff das Wort. »Könnte Miss Vanbrughs Krankheit nicht auch das harmlose Nesselfieber sein?«

»Bitte beraten Sie sich untereinander«, antwortete Oscar. »Ich schlage vor, wir sehen uns in fünfzehn Minuten wieder.«

Zunächst standen die Darsteller in kleinen Gruppen beisammen, später bildeten sie einen Kreis um Rose Leclercq. Schließlich trat die Lady aus dem Kreis und ging auf Wilde zu.

»Wir haben beschlossen, dass es Nesselfieber ist«, gab sie bekannt.

»Danke. Ich danke Ihnen.« Tränen rollten über seine Wangen. »Gott segne Sie alle. Und bitte halten Sie Abstand zu Miss Vanbrugh.«

»Gute Besserung!«, riefen alle.

Von nun an glich Miss Vanbrughs Garderobentisch einer Apotheke. Zwischen Taschentüchern, Tinkturen, Lotionen und Tabletten fanden ihre Schminksachen kaum noch Platz. Auf den Spiegel hatte jemand ein Herz gemalt. Auf der Bühne blieben alle in größtmöglicher Entfernung zu ihr, was bei Liebesszenen seltsam wirkte, im Übrigen aber erstaunlich reibungslos ablief.

Während der kommenden Tage verabreichte der Arzt Miss Vanbrugh Injektionen. Es juckte sie am ganzen Körper, ihre

Augen brannten, manchmal sank sie während einer Szene bewusstlos vom Stuhl. Als sie nach einem solchen Ohnmachtsanfall die Augen wieder aufschlug, war es Oscars Gesicht, das sie als Erstes sah. Er sagte: »Der Arzt hat erklärt, dass sie auf dem Weg der Besserung sind.«

11

Immer noch St James's Theatre

Oscar Wilde trug zum Frack nicht nur die grüne Nelke, sondern eine Weste in leuchtendem Grün, die Farbe der Hoffnung. Minuten bevor sich der Vorhang heben sollte, zitterte er am ganzen Körper. In diesem Zustand sah er sich außerstande, dem Ensemble Zuversicht zu vermitteln. In wenigen Augenblicken sollte *Ernst sein ist alles* das Licht der Welt erblicken, aber wie konnte man etwas zur Welt bringen, wenn man vor Angst starb? Seit Probenbeginn hatte Oscar kaum noch ein eigenes Leben geführt. Bosie und der Konflikt mit Queensberry, Constance und die Kinder, selbst die Jahreszeiten, die draußen vorüberzogen – er bekam nichts mehr davon mit.

In seiner Verwirrung verwechselte er die Bühnenseiten und fand sich irgendwo zwischen den Kulissen wieder.

»Hier entlang«, flüsterte Eddie, der Schutzheilige aller Künstler in Not, leuchtete mit einer Petroleumlampe, nahm ihn bei der Hand und zog ihn zwischen Dekorationswänden zur anderen Bühnenseite, wo die Schauspieler auf ihren Auftritt warteten.

Oscar fasste sich ein Herz. »Gute Pferde erkennt man daran, dass sie vor einem Rennen völlig ruhig sind«, sagte er. »Nehmt es also leicht, meine Lieben. Macht euch einen vergnüglichen Abend.« Bei seinen letzten Worten ging bereits der Vorhang hoch.

In den Minuten, als Oscar Wilde sich auf der Bühne verirrte, fand vor dem Haupteingang ein Drama anderer Art statt. Während die meisten Zuschauer bereits ihre Plätze einnahmen, hielt eine verspätete Droschke. Der Marquess of Queensberry stieg aus und warf seine Zigarre zu Boden.

»Warten Sie hier«, befahl er dem Kutscher. Er hielt etwas im Arm, das man auf den ersten Blick für einen Blumenstrauß halten konnte, eingewickelt in Seidenpapier. Bei genauerer Betrachtung entdeckte man in dem Bouquet jedoch Blumenkohl, Tomaten und Kohlköpfe, verziert mit faulen Eiern. Queensberry lief auf das Entrée zu.

»Sir?« Ein Mann mit Melone und schwarzem Cutaway trat ihm in den Weg.

»Ja?«

»Verzeihen Sie, aber ich habe strikte Anweisung, Sie nicht ins Theater zu lassen.«

Mit einem brüsken »Pah!« schob Queensberry den Mann beiseite und wollte zur Drehtür.

Der Gentleman hinderte ihn daran und wurde dabei von zwei kräftigen Theaterschließern unterstützt.

»Sind Sie von Sinnen, Mann?«, bellte der Marquess. »Wissen Sie, wen Sie vor sich haben?«

»Das weiß ich. Ebendeshalb, Mylord. Meine Anweisungen sind unmissverständlich.«

»Wer sind Sie denn überhaupt?«, brüllte Queensberry und rannte gegen die drei Männer an.

»Ich bin Inspector Tanburry von Scotland Yard.«

Unverrichteter Dinge prallte der Alte an den drei Gegnern ab. »Polizei?«, keuchte er. »Hat dieser Sodomit, Mr Wilde, Sie dazu angestiftet?«

»Ich warne Sie vor weiteren haltlosen Verleumdungen, Mylord.«

»Das wollen wir doch mal sehen.« Unter Verwünschungen zog sich Queensberry zurück. In Unkenntnis des Terrains irrte er um den großen alten Theaterbau und rüttelte an mehreren Seiteneingängen, die alle verschlossen waren. Hinter sich hörte er die Schritte des Polizeiinspektors, der ihn beobachtete, aber nicht eingriff. Schließlich erreichte der Marquess eine Gasse, die so schmal war, dass er sich an einer geschminkten Person von zweifelhaftem Ruf vorbeidrängen musste und vor ihr den Hut zog.

»Verzeihung, Madam, ist dies der rechte Weg zum Bühneneingang?«

»Fürs Theater kommst du zu spät, Süßer, aber wenn wir zu mir gehen, kriegst du eine Sondervorstellung, an die du dich lange erinnerst.«

Queensberry erkannte seinen Irrtum. »Mach Platz, du Dirne.«

»Wie kommst du mir denn vor?« Sie entdeckte das übelriechende Bouquet in seiner Hand. »Bist du das, der so stinkt, oder sind das deine Blumen?«

Wortlos drängte er sich an ihr vorbei, folgte einer Ziegelmauer und entdeckte an deren Ende den Künstlereingang. Zu seinem Erstaunen stand hier ein Polizeibeamter, der, sobald er Queensberry erkannte, den Arm mit dem Schlagstock ausstreckte.

»Bedaure, unbefugten Personen ist der Zugang untersagt, Sir.«

Obwohl Queensberry verstand, dass die Zurückweisungen ihm gegenüber organisiert zu sein schienen, fuhr er auch diesen

Officer an: »Ist Ihnen klar, gegen wen Sie sich derart impertinent benehmen?«

»Das ist mir absolut klar, Sir.«

Der Inspector, der dem Alten gefolgt war, klopfte ihm auf die Schulter. »Seien Sie vernünftig, Mylord. Warum gehen Sie nicht einfach weiter und vergessen das, was Sie da vorhaben? Wieso wollen Sie den guten Leuten dort drinnen das Vergnügen verderben?«

Queensberry schüttelte die Hand des Inspector wütend ab. »Ich habe großen Einfluss in dieser Stadt und im Königreich, Sir!«

»Natürlich haben Sie das, Mylord, das bezweifelt ja niemand«, entgegnete der Inspector umgänglich.

»Ich werde Ihr Benehmen Ihrem Vorgesetzten melden!« Angesichts der Übermacht drehte Queensberry ab. Seine Schritte hallten auf dem Pflaster.

»Soll ich ihn im Auge behalten?«, fragte der Officer.

»Nein. Ich will annehmen, dass wir ihn heute Abend nicht mehr zu Gesicht bekommen.« Gemeinsam blickten sie dem Alten nach, der in die Nacht verschwand.

Der dritte Akt war im Gang.

Irene Vanbrugh trat als Gwendolyn auf die Kulissentür zu, hinter der Ben Webster auf seinen Auftritt wartete.

»Ich habe Sie etwas Besonderes zu fragen«, rief sie. »Von Ihrer Antwort hängt alles ab.«

Webster, Darsteller zahlloser Liebhaber und Draufgänger, kam schwungvoll zur Tür herein. Er betrachtete die schöne junge Frau, in deren blondem Haar sich das Mondlicht, von zahlreichen Gaslampen imaginiert, brach, und nahm den Zylinder ab. Wärme und Entschlossenheit lagen in seinem Ausdruck.

»Wunderbar«, flüsterte Oscar, der neben Rose Leclercq in der Bühnengasse stand.

»Ja, Ben hat den Bogen raus. – Aber vor dem nächsten Satz darf er auf keinen Fall lächeln.«

Auf der Bühne stellte Gwendolyn die entscheidende Frage. »Warum geben Sie vor, der Bruder meines Vormunds zu sein?«

Ben antwortete: »Um Gelegenheit zu haben, mich stets in Ihrer Nähe aufzuhalten, Gwendolyn.«

»Nicht lächeln!«, schickten Leclercq und Wilde gemeinsam ein Stoßgebet zum Himmel.

Doch Ben Webster zeigte seine makellosen Zähne und lächelte sein breites Lächeln.

»Schade«, seufzte Oscar.

»Tja, das ist Websters Achillesferse«, stimmte Miss Leclercq zu. »Er glaubt, wenn er lächelt, ist er unwiderstehlich.«

»Er hat die Pointe vermasselt.«

Auf der Bühne wandte sich Miss Vanbrugh von Ben ab. »Wenn Sie in meiner Nähe sein wollen, stellt Ihr Vorname leider ein unüberwindliches Hindernis dar.«

Webster sollte darauf Überraschung, Schock und Bestürzung spielen. Er trat einen Schritt zurück. Gwendolyn wandte sich um, das Mondlicht fiel auf ihr Gesicht, und Ben erstarrte. Seine Augen weiteten sich. Ihn fasste so namenloses Staunen, so existentielle Verwirrung und wilde Panik, dass er nach Luft schnappte, mit der Hand an die Stirn fasste und hauchte: »O Gwendolyn, für einen Mann ist es furchtbar, wenn sich herausstellt, dass er sein ganzes Leben lang die Wahrheit gesagt hat. Mein Name ist Ernst! Können Sie mir das jemals verzeihen?«

»Gut gemacht«, flüsterte Rose Leclercq.

»Er hat es noch nie so gut gespielt«, stimmte Wilde zu.

Gwendolyn rief: »Himmel! Da kommt Lady Bracknell!«

Das war Miss Leclercqs Stichwort. Bevor sie auftrat, knuffte sie Wilde in die Seite. »Jetzt haben Sie es bald geschafft, Oscar.«

»Wir alle zusammen, Rose.«

Sie rauschte in ihrem mitternachtsblauen Kostüm auf die Bühne, bekam Auftrittsapplaus und deklamierte: »Zögern ist ein Zeichen von geistigem Verfall bei der Jugend und von körperlicher Schwäche beim Alter.«

Das Lachen, das sie erntete, war einstimmig und lange anhaltend.

Auf seinem Platz im Dunkeln begann Oscar zu weinen. Es war die größte Gnade, die einem Menschen gewährt werden konnte, mitanzusehen, wie sein eigenes Werk zum Leben erblühte, wie dreitausend Menschen vergaßen, dass sie nur einer erfundenen Geschichte folgten, und vollkommen in der Welt des Autors aufgingen. Er war der Schöpfer, sie alle spielten seine Schöpfung. Dieses Glück war mit keinem anderen zu vergleichen. Die Tränen rannen über seine Wangen.

»Mr Wilde, was ist mit Ihnen?« Lautlos war Eddie neben ihn getreten.

»Ich bin glücklich, Eddie. Das ist alles.«

»Warum sollten Sie auch nicht, Sir?« Versonnen blickte Eddie auf die Bühne. »Das ist der größte Erfolg, den das gute alte St James's Theatre je erlebt hat.«

»Danke, Eddie.«

Der Inspizient sah zu ihm hoch. »Einen wie Sie gibt es nur einmal im Jahrhundert, Sir, wenn Sie mir die Bemerkung gestatten.«

Oscar Wilde zog sein Taschentuch und schnäuzte sich vernehmlich.

12

Im Theaterfoyer

Die Vorstellung war zu Ende. Der Jubel um Oscar Wilde hielt an. Umbrandet von Zuschauern, die versuchten, in seine Nähe zu kommen, um ihm zu versichern, wie hinreißend sie sein Stück fanden, verschaffte sich ein Mann mit Zigarre und schwarzem Zylinder Platz.

»Darf ich mal? Lassen Sie mich durch!«, rief er. Es gelang ihm tatsächlich, dem bejubelten Dichter Auge in Auge gegenüberzutreten. Als die Übrigen diesen Gentleman erkannten, bildete sich ein Kreis um die beiden.

»Mr Wilde!«, rief der Marquess.

Oscar drehte sich um.

»Darf ich Ihnen mein Premierengeschenk präsentieren?« Queensberry hielt ihm seinen Strauß mit faulem Gemüse entgegen.

Ohne zu zögern, nahm Oscar das Bouquet. »Wie charmant von Ihnen.« Er schnupperte daran. »Jedes Mal, wenn ich diesen Gestank rieche, werde ich an Sie denken, Mylord.« Er warf die Widerlichkeit einem Theaterdiener zu.

Das Lachen des Publikums war herzlich und beschämend für den Marquess. Oscar wandte ihm den Rücken zu und nahm Gratulationen entgegen. Unter allgemeinem Gelächter wurde Queensberry gezwungen, das Theater zu verlassen wie ein geprügelter Hund.

Ihren Mantel über dem Arm trat Constance zu Oscar. »Mein Lieber –«

»Du willst schon gehen?«

»Ich nehme an, du möchtest mit Bosie auf die Premierenfeier fahren.«

»Kommst du nicht mit?«

»Ich möchte nach den Jungen sehen. Sie waren heute Abend so ungezogen, weil sie deine Premiere nicht besuchen durften.«

Er half ihr in den Mantel. »Was meinst du, Darling, wollen wir nachher den Jungen beim Schlafen zusehen?«

Verwundert schüttelte sie den Kopf. »Ganz London möchte dich feiern, Oscar. Man will auf dich anstoßen, es werden Reden gehalten …«

Er küsste sie zärtlich vor all den Menschen. »Ich kann dir gar nicht sagen, wie sehr ich mich freue, nach Hause zu kommen, meine Liebe. Denn das bist du: Du bist meine große Liebe. Und die Kinder natürlich.« Er wies auf das Publikum. »In ein paar Minuten habe ich das hier erledigt, dann fahren wir gemeinsam heim.«

»Meinst du das im Ernst?«

»Natürlich. *Ernst sein ist alles.*« Als er in ihre überraschten, glücklichen Augen sah, entdeckte Oscar die Frau wieder, in die er sich vor Jahren verliebt hatte. Wie gut sie war, wie fein und durchsetzungsstark, sie war der eine Mensch, den er wirklich brauchte und mit dem er seinen Weg weitergehen wollte. Während Oscar Wilde seine Frau als all das wiedererkannte, durchströmte ihn solche Liebe, solche Begeisterung für das gemeinsame Leben, das er mit ihr führen durfte, dass er sie noch einmal in die Arme schloss. »Willst du in der Droschke auf mich warten?«, schlug er vor. »Ich bin gleich bei dir.«

Ehe sie antworten konnte, drängte sich Bosie dazwischen, den Zylinder keck auf dem Kopf. Er hatte offenbar schon einiges getrunken. »Das wird meinem Vater eine Lehre sein!«, rief er.

»Was meinst du?«

»Wie du Vater behandelt hast! Jetzt weiß er, was die Gesellschaft von ihm hält. Ganz London liebt dich, Oscar!«

»Ja, heute bin ich der Liebling der Stadt.« Er sah Constance an. »Doch die Menschen sind wankelmütig, bis auf dich, meine Liebe.«

Bosie wollte ihn unterhaken. »Komm. Sie warten schon auf uns.«

Oscar streifte seine Hand ab. »Geh nur.«

»Was soll ich denn dort allein? Die Leute wollen dich sehen!«

»Geh, Bosie. Amüsier dich gut.«

»Und du?«

Statt einer Antwort bot er Constance seinen Arm. »Ich habe eine Familie, wie du weißt.«

»Du willst ... heute Abend? Ausgerechnet heute?«

Arm in Arm mit Constance schritt Oscar durch das Foyer. Zum wiederholten Mal erhob sich Applaus. Verständnislos sah Bosie ihnen von der Treppe nach.

Mary war bereits schlafen gegangen. Oscar und Constance standen Hand in Hand im Kinderzimmer. Er hielt die Kerze über Cyrils Bett, der im Schlaf eine mürrische Miene machte. Der kleine Vyvyan schnarchte leise wie ein Kätzchen.

»Heute habe ich die Früchte monatelanger Arbeit geerntet«, sagte Oscar leise. »Das war schön. Doch es ist nicht zu vergleichen mit dem Geschenk, das diese kleinen Menschen für mich bedeuten.«

»Was ist denn heute nur mit dir, Oscar?«, flüsterte sie. »Du bist ... so anders.«

»In all den Wochen im Theater, umringt von den vielen Menschen, war ich oft einsam, Constance. Da habe ich verstanden, welch eine Gnade deine Liebe ist, und die unserer Kinder.«

Sie lehnte den Kopf an seine Schulter. »Wir wollen sie nun schlafen lassen.«

Zusammen gingen sie hinaus und schlossen die Tür. Wie gewohnt wollte Constance ans Ende des Flures, wo ihr Zimmer lag.

Er hielt ihre Hand fest. »Ich dachte ...«

»Ja?«

»Was hältst du davon, wenn wir im Bett noch ein bisschen plaudern? Ich bin so erfüllt von allem. Ich glaube, ich kann jetzt nicht schlafen.«

»Meinst du ... im selben Bett?«

»Könntest du dich dafür erwärmen?«, fragte er mit vielsagendem Augenaufschlag.

Umarmt gingen sie zu seinem Schlafzimmer.

»Ich liebe dich.« Er öffnete die Tür.

»Und ich dich.« Sie trat zuerst ein. »Wir müssen leise sein, Oscar. Die Wand zum Kinderzimmer ist dünn.«

Nach dem Frühstück fuhr Oscar in den Club, um die Zeitungen zu lesen. Constance verabschiedete ihn mit einem Kuss. »Die Kritiken sind bestimmt alle wunderbar.«

»Das möchte ich den Kanaillen von der Presse auch geraten haben, mein Stück wunderbar zu finden!« Mit erhobenem

Stock verließ er das Haus und wurde wenig später im Club durch die vielen Gratulanten daran gehindert, seine Garderobe abzugeben. Wie es schien, waren so gut wie alle Clubmitglieder in der Premiere gewesen.

»Gratulation!« – »Wunderbares Stück!« – »Selten so gelacht!« – »Wie sind Sie nur auf die Idee gekommen: Er nennt sich *Ernst*, und am Ende heißt er wirklich *Ernst*! Haha!«

Oscar erwiderte jede der lobenden Bemerkungen und trat schließlich an Mr Drizzle, den Concierge, heran, um sich die Morgenzeitungen geben zu lassen.

Mr Drizzle, ein eleganter Mann in seinen Vierzigern, den man wegen seiner Grandezza ohne Weiteres für ein Mitglied des Oberhauses halten könnte, befand sich in einem Dilemma, das ihm auf der Seele brannte. Letzte Nacht war ihm eine Visitenkarte überreicht worden, auf deren Rückseite der Marquess of Queensberry eine Ungeheuerlichkeit geschrieben und Drizzle beauftragt hatte, die Karte niemand anderem als Oscar Wilde zu übergeben.

Gewissenhaftigkeit und Verlässlichkeit waren die Säulen, auf denen Mr Drizzles Existenz ruhte. Nie wäre es ihm in den Sinn gekommen, eine Depesche zu unterschlagen, doch diese Karte stürzte den armen Drizzle in einen Gewissenskonflikt. Während seiner Nachtschicht war er mehrmals kurz davor gewesen, die Nachricht, die nur einen Satz umfasste, zu verbrennen. Niemand würde sie vermissen, und jener, der sie geschrieben hatte, würde nicht wagen, sich danach zu erkundigen, denn die Karte war eine böse Beleidigung.

Doch Mr Drizzles Gewissenhaftigkeit überwand seine Menschlichkeit. Er hatte die Karte in ein Kuvert gesteckt und ins Fach von Mr Oscar Wilde gelegt. Darüber hinaus beendete

Mr Drizzle seinen Dienst nicht wie gewohnt um sechs Uhr morgens, sondern informierte vielmehr seinen Kollegen, er könne länger im Bett bleiben, er übernehme die Schicht. Falls Oscar Wilde das Kuvert ausgehändigt bekommen sollte, wollte Drizzle es ihm persönlich geben.

Gerade betrat der Dichter gutgelaunt die Halle.

»Wilde, alter Junge!«, rief Lord Tushing. »Habe mich bei Ihrem Stück gestern Abend krankgelacht!«

»Ich gratuliere zu Ihrer raschen Genesung, Mylord«, antwortete Oscar und steuerte auf Drizzle zu. »Wenn ich um die Morgenzeitungen bitten dürfte?«

»Ich habe sie bereits für Sie vorsortiert, Sir.«

»In welcher Reihenfolge? Die guten Kritiken zuoberst, die schlechten unten?«

»Alphabetisch, Sir. Anders wäre es kaum möglich gewesen.«

»Wieso?«

»Weil sie alle gut sind.«

Während Wilde nach dem Stapel griff, wandte sich Mr Drizzle zur Wand mit den Postfächern. »Eine Sache noch, Sir –«

»Hm?« Oscar schlug die *Times* auf.

»Ein Gentleman hat das hier letzte Nacht für Sie abgegeben.«

Ohne besonderes Interesse griff Oscar nach dem Kuvert.

Der Concierge ertrug es nicht, dass der Mann, dem heute die Glücksgöttin lächelte, dies lesen sollte. »Ich höre, Ihr Stück war ein außerordentlicher Erfolg, Sir.« Oscar tat einen Schritt in Richtung Halle. »Herzliche Gratulation, wenn Sie mir das erlauben, Sir«, rief Drizzle ihm nach.

»Danke, mein Lieber.« Oscar zog die Karte aus dem Kuvert und erstarrte.

Da stand: *für Oscar Wilde, posierend als Sodomit.*

Er machte auf dem Absatz kehrt und verließ den Club. Die Blicke von Mr Drizzle folgten ihm. Konnte der treue Concierge wissen, dass er gerade das Schicksal Oscar Wildes für immer besiegelt hatte?

13

In der Anwaltskanzlei Clarke

Sir Edward Clarke, Q. C. stand an der Tür des Büros. Sir Edward ging der Ruf voraus, dass er während seiner Zeit als Staatsanwalt mehr Angeklagte ins Gefängnis, manche an den Galgen geschickt hatte als jeder andere. Seit seiner Niederlassung als Privatverteidiger waren ihm wiederum mehr Freisprüche gelungen als seinen Kollegen. Sir Edward besaß die seltene Gabe, die Geschworenen davon zu überzeugen, dass seine und nur seine Sicht eines Falles der Wahrheit entsprach.

Im Schein des Kaminfeuers hielt Sir Edward Clarke die Visitenkarten Queensberrys ins Licht.

»Mr Wilde, es besteht kein Zweifel daran, dass Sie auf Basis dessen, was auf dieser Karte steht, die stärkste denkbare Handhabe besitzen, den Marquess of Queensberry wegen einer kriminellen Straftat zu belangen.«

»Bedeutet das, Sie übernehmen den Fall, Sir Edward?«, fragte Oscars persönlicher Anwalt, der geraten hatte, die Angelegenheit jemandem zu übertragen, der auf Strafprozesse spezialisiert war und den Nimbus des Siegers besaß.

Sir Edward zögerte. »Zunächst stehen wir vor der Frage: Wollen Sie sich wirklich auf eine gerichtliche Strafverfolgung einlassen, Mr Wilde?«

Zögernd sah Oscar ihn an.

»Selbstverständlich!«, kam es aus dem Hintergrund des

Büros. Bosie saß auf einer Chaiselongue. »Diese Beleidigung darf nicht unwidersprochen bleiben!«

Wilde bedeutete ihm, sich zu gedulden. »Warum fragen Sie, Sir Edward?«

»Weil Queensberrys Verteidigung zu beweisen versuchen wird, dass die Behauptung auf dieser Karte gerechtfertigt und demzufolge die Wahrheit ist.«

Das Schweigen in Sir Edwards Büro dauerte mehrere gefährliche Sekunden lang, bis Bosie aufsprang. »Sie ist absolut unwahr!«

»Trotzdem wird Queensberrys Verteidigung jede Anstrengung unternehmen, zu bekräftigen, dass diese Karte eine Tatsache wiedergibt. Das ist nicht nur das Recht, sondern die Pflicht eines Verteidigers. Und das, Mr Wilde, könnte unangenehm für Sie werden.«

»Ich gebe Sir Edward recht«, sagte Ada Leverson, die Oscar zu dem Termin begleitet, bisher aber geschwiegen hatte. »Oscar, es steht zu viel auf dem Spiel, um einen solchen Schritt zu tun. Queensberry ist verrückt, ein Hitzkopf, doch in diesem Fall scheint er sein Vorgehen schlau eingefädelt zu haben. Und du drohst ihm in die Falle zu gehen.«

»Inwiefern?«

»Ihn zu verklagen, wäre genau das, was er beabsichtigt. Er will dich in ein aufsehenerregendes Gerichtsverfahren locken, um dir seine Vorwürfe in aller Öffentlichkeit ins Gesicht zu schleudern.«

Bosie drängte sich in den Vordergrund. »Wenn wir ihn mit dieser Schweinerei davonkommen lassen, wird der Alte immer weitermachen. Wir müssen eine rote Linie ziehen! Es geht ums Prinzip!«

Oscar vermied es, Bosie anzusehen. »Sir Edward, wenn Sie an meiner Stelle wären: Was würden Sie tun?«

»Wenn Sie meinen persönlichen Rat wollen: Ich würde diese Karte …« Er wandte sich zum Kamin. »Nun, sagen wir, ich würde sie versehentlich ins Feuer fallen lassen. Damit wäre die Angelegenheit auf die einfachste Weise aus der Welt geschafft.«

»Nein!«

Aus Angst, Sir Edward könnte seine Andeutung in die Tat umsetzen, sprang Bosie auf ihn zu und entriss ihm die Karte.

»Bitte verzeihen Sie die Impulsivität Lord Alfreds«, sagte Oscar. »Doch in einem Punkt hat er recht: Queensberry muss Einhalt geboten werden.«

»Sie wünschen also, Klage einzureichen?«, entgegnete Sir Edward.

»Ich *wünsche* solchen Ärger natürlich nicht, aber wie Lord Douglas schon sagte, ist es eine Frage des Prinzips. Dabei meine ich nicht das juristische Prinzip, dass eine Verleumdung nicht ungesühnt bleiben darf. Mir geht es um das Prinzip, wonach in unserer Zeit und in diesem Land die Zuneigung eines älteren Mannes zu einem jüngeren Mann als etwas Anrüchiges angesehen wird. An dieser Zuneigung ist aber nichts Widernatürliches, sie ist vielmehr schön und rein. Aus diesem Grund muss der Marquess für seine infame Lüge bestraft werden.«

Oscar war bewusst, dass jenes Schweigen, das nun eintrat, bei den Anwesenden im Raum unterschiedliche Gründe hatte: Bewegung und Zustimmung bei den einen, peinliche Zurückhaltung bei den anderen.

Bosie unterbrach die Stille. »Ich freue mich schon auf das Gesicht meines Vaters, wenn ich in den Zeugenstand trete!«

»Du wirst nicht als Zeuge aussagen, Bosie.«

»Wer sollte sonst Zeugnis davon ablegen, wie der Alte mich behandelt hat, wie er meinen Bruder in den Selbstmord getrieben und meine Mutter verlassen hat, um zu seinen Dirnen zu gehen?!«

»Ich möchte nicht, dass du in die Angelegenheit involviert wirst«, wiederholte Oscar.

»Ich fürchte, Lord Alfred Douglas ist bereits in den Fall involviert.« Sir Edward nahm hinter seinem Schreibtisch Platz.

»Je weniger der Skandal, der im Fall eines Prozesses wohl unvermeidlich ist, dich betrifft, Bosie, desto besser«, beharrte Oscar. »Du wirst nicht aussagen. Das ist mein letztes Wort.«

Lord Alfred wollte auf ihn zuspringen, doch Oscar stoppte ihn mit einem Blick. Kreidebleich riss Bosie seinen Hut vom Ständer und stürmte aus der Kanzlei.

Oscar bemerkte, dass Ada ans Fenster getreten war. »Was hast du, meine Liebe?«

»Ich staune, mit welcher Leichtigkeit du deine eigene Vernichtung inszenierst, Oscar. Denn nichts anderes tust du gerade.«

»Ich verstehe nicht.«

»Du bist ein bedeutender Mann, ein Jahrhundertschriftsteller. Du darfst Bosie nicht erlauben, dich wegen dieser Sache in den Abgrund zu stoßen!«

»Was wäre denn die Alternative?«, entgegnete er erstaunt.

»Sir Edward hat sie dir genannt. Vergiss das Ganze, verbrenne die Karte. Lass den Bullterrier Queensberry an seiner eigenen Wut ersticken. Oder wenn du unbedingt etwas tun willst, verlasse England. Denn sollte Queensberry tatsächlich einen Skandal heraufbeschwören, wärst du nicht da, und die Leute würden sich bald anderen Sensationen zuwenden.«

Lächelnd und ohne auf Adas Vorschläge einzugehen, griff Oscar zu seinem Hut. »Ich stehe für alle weiteren Schritte zu Ihrer Verfügung, Sir Edward.«

»Wie Sie wünschen, Sir. Ich fühle mich jedoch verpflichtet, Ihnen eine Frage zu stellen.«

»Und die wäre?«

»Ich kann Ihren Fall nur übernehmen, Mr Wilde, wenn Sie mir bei Ihrer Ehre als englischer Gentleman versichern, dass nichts Wahres an Queensberrys Vorwurf ist.«

Oscar sah Ada an, lächelte traurig und erwiderte: »Ich versichere Ihnen als irischer Gentleman, dass nichts Wahres daran ist als jenes Prinzip, von dem ich vorhin gesprochen habe.«

»Dann erwarte ich Sie morgen um elf Uhr dreißig wieder hier, Mr Wilde.«

14

The Royal Courts of Justice

Extrablätter waren gedruckt worden, die in den größten zur Verfügung stehenden Lettern die Sensation bekanntgaben: QUEENSBERRY VERHAFTET! Die Schlagzeile machte in ganz London die Runde. Der Marquess wurde nach seiner Festnahme ins Polizeirevier Vine Street gebracht.

Der Saal mit der Nummer 104 war im ganzen Gebäudekomplex der größte. Man hatte ihn wegen des enormen öffentlichen Interesses gewählt. Ein Liebling der Londoner, ein berühmter Theaterautor, verklagte ein Mitglied des Oberhauses wegen Rufschädigung und Verleumdung.

Unter ausladenden Lüstern aus blauem und weißem Glas befand sich an der Stirnfront die Richterempore, umrahmt von einer geschnitzten Täfelung, gekrönt durch das königliche Siegel. Vor dem Richtersitz befanden sich die Plätze der Vertreter der Krone. In der Mitte stand der Tisch der Anklagevertretung, angeführt durch Sir Edward Clarke. Auf der Rückseite erhob sich eine Balustrade: Hier würde der Angeklagte sitzen, davor dessen Verteidiger. Rechts und links die Besuchertribünen, die sich seit dem frühen Morgen vor allem mit Reportern füllten.

Anwälte in schwarzen Roben, die weißen Perücken auf dem Kopf, nahmen ihre Plätze ein. Auf der linken Tribüne waren Sitze reserviert worden: Nacheinander erschienen Oscars Freund

Robert Ross, Lord Alfred Douglas und Constance Wilde, begleitet von Ada Leverson.

Als Oscar Wilde im hellgrauen Cutaway mit grüner Nelke eintrat, schlugen ihm Rufe und Fragen der Journalisten entgegen. Als Letzter betrat Mr Edward Carson den Saal. Nachdem Oscar erfahren hatte, Carson würde Queensberrys Verteidigung übernehmen, hielt er dies zunächst für ein gutes Zeichen: Er und Carson kannten einander aus Studientagen in Dublin. Doch als der Anwalt eintrat und ihm einen durchdringenden Blick zuwarf, sagte Oscar zu Sir Edward: »Ich bin sicher, der gute Ned wird all seine Kunst mit der Bitterkeit eines alten Freundes gegen mich benützen.«

Der Gerichtsdiener erschien.

»Ruhe! Ich bitte die Anwesenden, sich zu erheben. Jedermann, der ein Anliegen an das königliche Schwurgericht oder die Gefängnisverwaltung zu haben glaubt, möge zum Zwecke der Rechtsprechung vortreten und dem hohen Gericht seine Achtung erweisen! Gott schütze die Königin!«

Während dieser Worte traten der Richter und seine Beisitzer in ihren Roben auf, die langen Perücken fielen auf Brust und Rücken. Der Vorsitzende, Sir Richard Henn Collins, verbeugte sich vor dem Insignium der Krone und den anwesenden Juristen, die sich wiederum vor ihm verneigten. Alle nahmen Platz. Über ihnen hing das symbolische Schwert der Justitia, dessen Schneide in die eine oder andere Richtung fallen konnte. Der Wahlspruch der Krone rahmte das Arrangement ein: *Dieu et mon droit.*

Auf Aufforderung des Richters rief der Vertreter der Krone den Angeklagten auf: »Vorgeführt werde John Sholto Douglas, neunter Marquess of Queensberry!«

Ein Polizeibeamter wiederholte die Aufforderung, worauf der Angeklagte über eine Treppe aus dem Keller hochgebracht wurde.

»Sind Sie John Sholto Douglas, Marquess of Queensberry?«

Der Lord trug einen schwarzen hochgeschlossenen Gehrock. »Der bin ich, Sir.« Mit steinerner Miene nahm er auf der Anklagebank Platz.

Es folgte die Verlesung der Anklage. »Wir, die Vertreter der Königin, legen unter Eid dar, dass John Sholto Douglas in lügnerischer und böswilliger Absicht Mr Oscar Fingal O'Flahertie Wills Wilde verleumdet, verletzt und die Friedenspflicht außer Acht lassend ihn der öffentlichen Verachtung, dem Skandal und der Schande ausgesetzt hat. Gemäß der Rechtsprechung dieses Gerichts hat der Angeklagte Oscar Fingal Flahertie Wills Wilde verbrecherisch, böswillig und in absichtlicher Verbreitung der Unwahrheit verleumdet, und zwar in Form einer skandalösen, rechtswidrigen und widerwärtigen Karte, die er an den Genannten übersandt hat und auf die die handschriftlichen Worte geschrieben standen: *an Oscar Wilde, posierend als Sodomit.*«

Das einsetzende Gemurmel drückte Empörung und Amüsement gleichermaßen aus.

»Ruhe im Saal!«

Der Vertreter der Krone fuhr fort: »Dieses Verbrechen richtet sich nicht nur gegen Oscar Fingal O'Flahertie Wills Wilde, sondern auch im Sinne unserer Rechtsprechung gegen die Königin, ihre Krone und Würde. John Sholto Douglas, Marquess of Queensberry, angesichts der vorgetragenen Vorwürfe, wie plädieren Sie? Schuldig oder nicht schuldig?«

Queensberry erhob den Blick zum Richter. »Nicht schuldig, Euer Ehren.«

Sein Verteidiger Mr Carson ergriff das Wort. »Euer Ehren, mein Mandant plädiert darauf, dass sich die angebliche Verleumdung, derer er angeklagt wird, aufgrund der ursprünglichen Bedeutung des Wortes ›Sodomit‹ als wahr in seiner Substanz und Wirklichkeit herausstellen wird. Außerdem sei es zum Wohl und für das Interesse der Öffentlichkeit, diese Aussage getroffen und veröffentlicht zu haben.«

»Der Antrag desselben Wortlauts liegt dem Gericht vor, Herr Anwalt«, antwortete der Richter.

»Danke, Euer Ehren.«

»Die Geschworenen mögen vereidigt werden.«

Einem nach dem anderen legte der Gerichtsdiener den Jurymitgliedern die Bibel vor. »Nehmen Sie die Bibel in Ihre rechte Hand und lesen Sie von der Karte ab, Sir.«

»Ich schwöre bei Gott, dem Allmächtigen …« Während der darauffolgenden zwölfmaligen Wiederholung musste der Saal mehrmals zur Ruhe gerufen werden.

Die Stunde des Anklägers war gekommen. Sir Edward begann sein Eröffnungsplädoyer mit der Sinndeutung des Wortes ›Sodomit‹.

»Seit dem Mittelalter wird als Sodomie jegliche sexuelle Handlung beschrieben, die nicht der Fortpflanzung dient. Mit der Bezeichnung Sodomit werden daher Personen mit sexuellen Neigungen und Praktiken bezeichnet, die von den geltenden sexuellen Moralbestimmungen abweichen, insbesondere was den geschlechtlichen Verkehr mit Tieren betrifft.«

Seine unverblümten Worte riefen erregte Bekundungen hervor, die durch den Richter mit Hammerschlägen unterbunden wurden.

Sir Edward fuhr fort. »Da sich der Begriff vom Namen der

Stadt Sodom ableitet, ist er zum Ausdruck für Menschen geworden, die amoralischen Ausschweifungen huldigen. Damit ist bewiesen, dass der Angriff des Marquess of Queensberry auf den Leumund meines Mandanten durch das Gericht auf das Strengste geahndet werden muss.« Sir Edward begann die Beweisaufnahme. »Im Versuch einer Rechtfertigung seiner Tat legte die Verteidigung einen Brief vor, den Mr Oscar Wilde an Lord Alfred Douglas, den Sohn des Angeklagten, geschrieben hat. Ich werde diesen Brief dem Gericht nun zu Gehör bringen.«

Er nahm blassblaues Briefpapier zur Hand. »›Mein mir eigener Junge, Dein Sonett ist zauberhaft. Ich finde es wunderbar, dass Deine Lippen, rot wie Rosenblätter, genauso gut dazu geeignet sind, ein Lied zu singen, wie sie sich einem Kuss hingeben mögen. Deine schlanke Seele bewegt sich zwischen Leidenschaft und Poesie. In den Tagen der alten Griechen hättest Du Dir der Zuneigung Apollos sicher sein dürfen. Mit unsterblicher Liebe, immer der Deine, Oscar‹.«

Sir Edward legte das Schreiben zur Seite. »Die Worte dieses Briefes mögen für diejenigen, die sich üblicherweise mit der Abfassung geschäftlicher Korrespondenz beschäftigen, extravagant klingen. Aber Mr Wilde ist ein Poet. Dieser Brief ist demzufolge ein Prosa-Sonett. Ich bitte Mr Oscar Wilde nun in den Zeugenstand.«

Oscar lief die Stufen zur Empore hoch und wurde vereidigt. »Ich schwöre bei Gott, dem Allmächtigen, dass meine Aussage die Wahrheit ist, die ganze Wahrheit und nichts als die Wahrheit, so wahr mir Gott helfe.«

»Sie sind Mr Oscar Fingal O'Flahertie Wills Wilde, der Ankläger in diesem Fall?«, fragte Sir Edward.

»Der bin ich.«

»Wie alt sind Sie?«

»Neununddreißig.« Oscar entging nicht, dass sich Carson eine Notiz machte.

»Sind Sie verheiratet, Mr Wilde?«, fragte Sir Edward.

»Das bin ich und habe zwei Söhne, einer neun, der andere acht Jahre alt.«

»Wann begann Ihre Bekanntschaft mit Lord Alfred Douglas?«

»Das war 1892. Ein Freund stellte ihn mir vor.«

»Und seit dieser Zeit sind Sie Freunde?«

»Lord Alfred war bei vielen Gelegenheiten Gast in meinem Haus.«

»Ein Gast von Ihnen und Ihrer Frau, nehme ich an.«

»Das versteht sich von selbst.«

Die Blicke der Anwesenden wandten sich Constance zu. Auf Anraten Sir Edwards hielt sie ihre Augen ein wenig über die Köpfe im Gerichtssaal erhoben.

»Mr Wilde, haben Sie im März 1893 davon erfahren, dass ein von Ihnen verfasster Brief an Lord Douglas in die Hände einer dritten Person gefallen war?«

»Das ist richtig. Ein Mann namens Wood kam zu mir und behauptete, er habe den Brief in einer Hose gefunden, die Lord Alfred Douglas gehöre.«

»Hat er für die Aushändigung dieses Briefes Geld von Ihnen gefordert?«

»Er erwähnte, dass man ihm bereits sechzig Pfund dafür geboten habe.«

»Was war Ihre Antwort darauf?«

»Ich erwiderte, dass ich noch nie eine derartige Summe für

ein Prosawerk von solcher Kürze bekommen hätte, und riet ihm, den Brief an den Anbieter zu verkaufen.«

Oscar genoss die einsetzende Heiterkeit.

Schmunzelnd setzte Sir Edward fort: »Bereits vor dieser Zeit wurden Sie das Objekt mehrfacher Belästigungen durch den Marquess of Queensberry?«

»Er schrieb einige ausfallende und beleidigende Briefe an mich. Bei einer Gelegenheit erzwang er sogar Zugang zu meinem Haus, bis ich schließlich nicht anders konnte, als ihn hinauszuwerfen.«

»Was ereignete sich bei diesem Überfall?«

»Er machte Anschuldigungen bezüglich meiner Freundschaft zu Lord Alfred Douglas. Ich fragte ihn, ob er mich und seinen Sohn eines ungebührlichen Kontakts bezichtige.«

»Was antwortete der Marquess darauf?«

»Er bezichtigte mich nicht nur, sondern behauptete sogar, diese Art von Kontakt erfülle mich mit besonderer Leidenschaft.«

Wieder setzte Tumult im Saal ein. Der Richter schritt ein. »Wenn es weiterhin nur die geringste Bekundung dieser Art geben sollte, setze ich die Verhandlung unter Ausschluss der Öffentlichkeit fort.« Dies brachte vor allem die Gerichtsjournalisten zum Verstummen.

»Mr Wilde, es ist Ihnen bekannt, dass die Verteidigung Ihnen unehrenhaften und unanständigen Kontakt zu verschiedenen Personen unterstellt?«

»Ja, das ist mir bekannt.«

»Besteht irgendein Wahrheitsgehalt in irgendeiner dieser Unterstellungen?«

Oscar umfasste das Geländer des Zeugenstandes. »Nicht der geringste, und zwar in keiner von ihnen.«

Es hatte den Anschein, als wollte der Marquess of Queensberry von der Anklagebank aufspringen, doch eine Geste seines Verteidigers hinderte ihn daran.

»Danke, Mr Wilde. Keine weiteren Fragen.« Sir Edward setzte sich.

Mit abgewandtem Blick und einer schlangenhaften Bewegung erhob sich Mr Carson. Erst kurz bevor er zu sprechen begann, sah er Oscar an. Seine Stimme war tief, sonor, vertrauenerweckend. Er redete Oscar mit scheinbarer Geduld an, wie man zu einem Kind sprach. »Mr Wilde, Sie haben angegeben, Sie seien neununddreißig. Ist das korrekt?«

»Ja.«

»Laut Ihrer Geburtsurkunde sind Sie 1854 geboren. Damit sind Sie bereits über vierzig Jahre alt. Nicht wahr?«

Die Irritation in Wildes Haltung wurde vom Auditorium wahrgenommen. »Wenn Sie das sagen, Mr Carson –«

»Wie alt war Lord Alfred Douglas, als Sie ihn kennenlernten?«

»Etwas über zwanzig.«

»Noch keine einundzwanzig, hm. Und seit dieser Zeit sind Sie … enge Freunde?«

»So ist es.«

»Sie waren mit ihm zusammen an unterschiedlichen Orten, in Oxford, in Brighton und in verschiedenen Hotels innerhalb Londons?«

Oscar schloss den untersten Knopf seiner Weste. »Ja.«

»Sie waren auch mehrmals auf dem Kontinent mit ihm?«

»Wir waren in Ägypten, Paris und Monte Carlo.«

»Man könnte Ihre Freundschaft daher als innig und vertraut bezeichnen?«

»Das dürfte es treffen.«

Mr Carson warf einen Blick zu den Geschworenen und nahm ein Magazin zur Hand. »Ich habe hier eine Monatsschrift mit dem Titel *Das Chamäleon*, in dem ich einen Artikel von Ihnen neben zwei Gedichten von Lord Alfred Douglas finde.«

»Ich fand seine Gedichte außergewöhnlich schön.«

»Dann erinnern Sie sich bestimmt auch an deren Titel?«

»Das eine hieß *Gelobt sei die Schande* und das andere *Zwei Liebende*.«

»Diese Liebenden, Mr Wilde, das waren zwei Jungen, nicht wahr?«

»Ja«, antwortete Oscar eine Spur leiser.

»Wenn ich daraus zitieren darf: ›Der eine Junge nennt seine Liebe ›wahre Liebe‹, der andere nennt seine Liebe ›Schande‹.‹ – Denken Sie nicht, Mr Wilde, dass man hier ein unsittliches Anerbieten herauslesen könnte?«

»Nicht im Geringsten.«

»In dem Magazin findet sich noch ein anderer Artikel mit dem Titel *Der Priester und der Messdiener*. Haben Sie ihn gelesen?«

»Ich erinnere mich dunkel.«

»Würden Sie diesen Artikel als unmoralisch bezeichnen, Mr Wilde?«

»Er war schlimmer als das. Er war schlecht geschrieben.«

Das einsetzende Gelächter brachte Carson für einen Moment aus der Fassung. »Es ist die Geschichte eines Priesters, der sich in einen Ministranten verliebt, nicht wahr?«

»Ich habe das Machwerk nur einmal gelesen, und nichts könnte mich dazu bringen, es ein weiteres Mal zu tun.«

»Halten Sie diese Geschichte für gotteslästerlich?«

»Sie verletzt jeglichen Ansatz künstlerischer Schönheit.«

»Das ist keine Antwort.«

»Es ist die einzige Antwort, die ich geben kann.«

»Ich wünsche, von Ihnen zu hören, ob Sie den Artikel gotteslästerlich finden.«

»Ich fand ihn abstoßend.«

»Beantworten Sie die Frage, Mr Wilde: Haben Sie oder haben Sie nicht diese Geschichte für blasphemisch gehalten?«

»Ich halte sie für schrecklich. *Blasphemisch* ist kein Wort meines Sprachschatzes.«

»Ich verstehe.« Carson blätterte um. »Ich zitiere eine Schrift aus demselben Magazin, die Sie selbst beigesteuert haben. Da heißt es: ›Lasterhaftigkeit ist ein Mythos, erfunden von guten Menschen, die damit den seltsamen Reiz des Sünders erklären wollen.‹ – Denken Sie, dass das wahr ist, Mr Wilde?«

»Ich halte so gut wie nichts von dem, was ich schreibe, für wahr«, entgegnete Oscar lächelnd.

»Hören Sie weiter: ›Religionen sind dem Untergang geweiht, sobald sie sich als wahr entpuppen.‹ Stimmt das nach Ihrer Ansicht?«

»Ich bekenne mich dazu. Doch das Thema ist zu umfassend, um es hier zu erörtern.«

»Dann formuliere ich es anders: Glauben Sie, diese Ihre Behauptung eignet sich als ›Philosophie für die Jugend‹?«

»Ich finde sie stimulierend, um weiterzudenken.«

»Sie schreiben außerdem: ›Wenn man die Wahrheit sagt, kann man sicher sein, früher oder später dabei ertappt zu werden.‹«

»Das ist ein heiteres Paradoxon, aber als moralischer Grundsatz ungeeignet.«

»Ist es förderlich für unsere Jugend?«

»Alles ist förderlich, was das Denken anregt.«

»Egal, ob moralisch oder unmoralisch?«

»Das Denken ist frei von Begriffen wie Moral oder Unmoral. Es gibt nur unmoralische Gefühle.«

»Sie sagen es, Mr Wilde!«, rief Carson mit erhobener Hand. »Hier habe ich die Einleitung Ihres Buches *Das Bildnis des Dorian Gray*, dort schreiben Sie: ›Ein moralisches oder unmoralisches Buch existiert nicht. Bücher sind gut oder schlecht geschrieben.‹ Drückt das Ihre Ansicht aus, Mr Wilde?«

»Es drückt meine Sicht auf die Kunst aus.«

»Dann könnte also ein gut geschriebenes Buch, das perverse Ansichten vertritt, ein gutes Buch sein?«

»Ein Kunstwerk beschäftigt sich nicht mit Ansichten.«

»Kann ein perverser Roman ein gutes Buch sein?«

»Ich weiß nicht, was Sie unter einem perversen Roman verstehen.«

»Ist *Das Bildnis des Dorian Gray* aus Ihrer Sicht ein gutes Buch?«

»Ich hätte es wohl sonst kaum zur Veröffentlichung freigegeben.«

Carson schlug eine andere Stelle auf. »Die Neigung und Liebe des Malers zu dem jungen Dorian Gray könnte einen normalen Leser zur Ansicht verleiten, dass dieser Liebe eine anrüchige Tendenz innewohnt.«

»Ich besitze kein Wissen darüber, welche Ansichten der *normale Leser* hat.«

Carson wandte sich an den Richter. »Wenn Sie erlauben, möchte ich eine Passage aus dem Buch zitieren, Euer Ehren. – An dieser Stelle spricht der Maler zu Dorian Gray:

›Es ist wohl wahr, dass meine Zuneigung für dich romantischere Gefühle beinhaltet, als ein Mann üblicherweise einem Mann entgegenbringt. Eine Frau habe ich noch nie so geliebt. Vom Augenblick unserer Begegnung an hat deine Persönlichkeit einen extravaganten Einfluss auf mich ausgeübt. Ich bete dich an, auf absurde Weise, bis zum Wahnsinn.‹

Würden Sie sagen, Mr Wilde, dass hier die normalen Gefühle zwischen zwei Männern beschrieben werden?«

»Es ist eine fiktionale Geschichte, Sir.«

»Haben Sie selbst jemals einen Mann bis zum Wahnsinn angebetet, Mr Wilde?«

»Ich bete grundsätzlich niemanden an, außer mich selbst.«

Diesmal war das Gelächter verhalten und erstarb nach wenigen Sekunden wieder. Und doch brachte es Carson in Wut.

»Bevor ich mit Ihnen fertig bin, Sir, wird von Ihrer Anbetung nicht mehr viel übrigbleiben. – Ich komme nun zu dem Brief, den Sie an Lord Alfred Douglas geschrieben haben. Er beginnt mit ›Mein mir eigener Junge‹. – Warum sollte ein Mann Ihres Alters einen wesentlich Jüngeren als ›mein eigener Junge‹ bezeichnen?«

»Ich finde Lord Douglas außergewöhnlich und liebenswert.«

»Haben Sie ihn *angebetet*?«

»Ich bin ihm zugetan und …« Oscar unterbrach sich ärgerlich. »Dies ist kein üblicher Brief, Sir, sondern ein poetischer. Ebenso könnten Sie ein Sonett von Shakespeare ungebührlich finden.«

»Aber wenn kein Künstler diesen Brief geschrieben hätte, würden Sie ihn dann für gebührlich halten?«

»Jemand, der kein Künstler ist, hätte so einen Brief nicht geschrieben.«

Carson verzog verächtlich den Mund. »Ich kann nichts Künstlerisches in Ihren Formulierungen finden: ›Deine Lippen, rot wie Rosenblüten‹ ...?«

»Es kommt darauf an, wie man es liest, Sir.«

»›Deine schlanke Seele bewegt sich zwischen Leidenschaft und Poesie‹ ... Finden Sie das eine anmutige Phrase, Mr Wilde?«

»So, wie Sie es lesen, nicht, Mr Carson. Sie lesen es geradezu abscheulich.«

Carson bellte Oscar an. »Ich behaupte auch nicht, ein Künstler zu sein. Und wenn ich Ihnen zuhöre, Mr Wilde, bin ich froh, keiner zu sein!«

Sir Edward griff ein. »Euer Ehren, bitte, ich finde, mein geschätzter Kollege sollte nicht in dieser Weise zu Mr Wilde sprechen.«

Der Richter blickte über den Rand seiner Brille. »Mr Carson, ich schlage vor, dass Sie Ihre persönliche Meinung im Gericht für sich behalten.«

»Danke für den Hinweis, Euer Ehren. In diesem besonderen Fall finde ich es allerdings schwierig.«

»Wie auch immer.« Der Richter erhob sich. »Die Uhr erinnert uns daran, dass wir in der Sache schon weit fortgeschritten sind. Im Sinne einer Abkühlung des Verhandlungstones vertage ich die Sitzung bis zwei Uhr nachmittags.«

15

The Royal Courts of Justice,
zwei Uhr nachmittags

Die mahnenden Worte von Sir Henn Collins zeigten wenig Wirkung. Kaum hatte Oscar Wilde erneut den Zeugenstand betreten, setzte Carson sein Kreuzverhör mit unverminderter Schärfe fort. Er beleuchtete den Fall Wood, stellte Fragen zum Besuch des Erpressers, den Oscar noch am selben Abend zum Dinner eingeladen habe. Wie wolle er erklären, einen Menschen solch niedrigen Charakters nicht nur ausgeführt, sondern ihm obendrein noch vierzig Pfund geschenkt zu haben?

»Ich habe Wood das Geld aufgrund von dessen mitleiderregender Lebensgeschichte gegeben. Er tat mir leid.«

»Ich vermute vielmehr, Sir, dass Sie nach dem gemeinsamen Dinner unmoralischen Kontakt zu Mr Wood hatten und ihm das Geld als Belohnung gegeben haben«, rief Carson.

Sir Edward sprang auf. »Mylord, was die Methoden der Befragung durch meinen geschätzten Kollegen betrifft, muss ich protestieren!«

Der Richter wies den Einspruch ab. »Ich kann nicht erkennen, dass Mr Carson sich in irgendeiner Weise außerhalb seiner juristischen Möglichkeiten bewegt.«

»Danke, Euer Ehren.« Carson verbeugte sich. »Kennen Sie einen Mann namens Charles Parker, Mr Wilde?«

Oscars Hand strich über die Knopfleiste seiner Weste, er schwieg.

Der Richter wandte sich zu ihm. »Zeuge, Sie müssen die Frage beantworten.«

»Dieser Parker war ein Freund von Lord Alfred Douglas.«

Carson blätterte durch seine Papiere. »Und wie sieht es mit einem Mann namens Atkin aus?«

»Er war wiederum ein Freund von Parker.«

»Wie verhält es sich mit einem gewissen Granger?«

»Er war Diener bei Lord Alfred Douglas.«

»Und Taylor? Mr Wilde, kennen Sie jemanden namens Tony Taylor?«

»Ich habe ihn einmal auf einer Party getroffen.«

»Waren all diese Individuen junge Männer von ungefähr zwanzig Jahren?«

»Möglich.« Oscar setzte hinzu: »Ich schätze die Gesellschaft junger Menschen.«

»Junger Männer, meinen Sie?«

»Wenn Sie so wollen.«

»Haben Sie diesen jungen Männern Geld gegeben?«

»Das wäre möglich, ich weiß es nicht mehr.«

»Oder Geschenke?« Carson nahm einige Gegenstände vom Tisch. »Zum Beispiel ein silbernes Zigarettenetui für Mr Taylor, ein Spazierstock mit vergoldetem Griff für Parker, ein Buch für Mr Wood, mit der Widmung ›Von Oscar für Dich‹?« Carson gab ihm keine Gelegenheit zur Antwort. »Wussten Sie, Mr Wilde, dass dieser Wood trotz bester Gesundheit ein seit Jahren arbeitsloses Subjekt ist? Parker ist Diener und Taylor ebenfalls ohne Beschäftigung.«

Oscar richtete sich im Zeugenstand auf. »Nur weil es ihnen

schlecht ging, beeinträchtigte das nicht meine Sympathie für sie.«

»Ihre Sympathie, so? – Sie machten diesen Männern Geschenke, luden sie zum Essen ein und tranken Champagner mit ihnen?«

»Gekühlter Champagner ist mein bevorzugtes Getränk, sehr gegen die Anordnung meines Arztes.«

»Lassen wir die Anordnungen Ihres Arztes mal beiseite.«

»Das tue ich ständig.« An Wildes Blick war erkennbar, dass er eine heitere Reaktion erwartete, die jedoch ausblieb.

Carson trat in die Mitte des Saals. »Ich nehme an, wir alle fragen uns: Was hatte ein Mann wie Oscar Wilde, der erfolgreiche Dramatiker, der Essayist und Poet mit diesen Jugendlichen gemein? Nicht einer von ihnen besitzt sein Niveau, seine Bildung oder Kultiviertheit, nicht einer von ihnen hat sein Alter. Und doch dinierte er mit ihnen und trank Champagner. Ich versuche mir diese Gesellschaft vorzustellen, in die Sie sich begeben haben, Mr Wilde.«

»Sie war amüsant.«

»Amüsant? – Welcher Gentleman von Anstand würde sich mit Dienern, Arbeitslosen und Erpressern umgeben?«

Sir Edward griff ein. »Ich protestiere erneut, Euer Ehren. Mein geschätzter Kollege möge seine irreführenden Kommentare unterlassen.«

»Ich schlage vor, Mr Carson, Sie konzentrieren sich mehr auf Fragen und weniger auf Meinungen«, stimmte der Richter zu.

Carson nahm weitere Unterlagen zur Hand. »Ist Ihnen bekannt, Mr Wilde, dass Taylor, Atkin und Parker während einer Razzia am Fitzroy Square verhaftet wurden?«

Oscar zögerte. »Ich habe darüber gelesen.«

»Dann wissen Sie bestimmt auch, dass sie wegen verschiedener Verbrechen angeklagt wurden?«

»Ich glaube aber gelesen zu haben, dass die Stadtverwaltung die Klagen wieder eingestellt hat.«

»Eine andere Frage: Haben Sie sich je mit Mr Granger getroffen?«

»Nein. Kein einziges Mal.«

»Aber Sie kennen ihn?«

»Er war ebenfalls Diener in Lord Douglas' Haus in Oxford.«

»Sie sahen Granger also zu unterschiedlichen Gelegenheiten?«

»Ich war zu unterschiedlichen Gelegenheiten in Lord Douglas' Haus. Granger hat bei Tisch serviert.«

Sorgfältig legte Carson die Papiere zur Seite und fragte eher nebenbei: »Haben Sie Granger geküsst?«

Oscar lächelte. »Um Gottes willen: Der Junge war ungewöhnlich hässlich.«

In diesem Moment barg Constance auf der Besucherbank ihr Gesicht in der Hand. Ada beugte sich zu ihr, im Bemühen, ihr klarzumachen, dass jede ihrer Reaktionen beobachtet wurde. Auch Bosie senkte den Kopf. Zugleich breitete sich auf dem Gesicht Queensberrys ein triumphierendes Lächeln aus, er nickte Carson anerkennend zu. Dieser schien selbst überrascht zu sein, wie leicht es ihm gelungen war, Wilde in die Falle zu locken.

In diesem Augenblick begriff auch Oscar, wie fatal seine Worte waren. Er bemühte sich um eine heitere Miene, doch sein klammernder Griff um die Balustrade des Zeugenstandes entlarvte ihn.

»Das ist der Grund, weshalb Sie Granger nicht geküsst haben?«, rief Carson.

»Sie werden unverschämt und beleidigend, Sir«, antwortete Wilde.

»Sie sagten aus, dass Sie Granger nicht geküsst haben! Warum erwähnten Sie, dass der Junge ungewöhnlich hässlich war?«

»Ich weiß nicht, warum ich es gesagt habe. Vielleicht, weil Sie mich mit Ihrer Bemerkung verblüfft haben, die nur eine von vielen Beleidigungen ist, die ich während dieser Befragung über mich ergehen lassen muss.«

»Warum haben Sie seine Hässlichkeit erwähnt?«

»Es war nur ein ... eine ... Ich ...«

»Warum? Warum?! Warum, Mr Wilde?!« Carson rief noch einmal in die Runde: »›Ich habe Granger nicht geküsst, weil der Junge ungewöhnlich hässlich war‹!«

»Euer Ehren!«, griff Sir Edward ein. »Der Verteidiger legt dem Zeugen die Worte in den Mund!«

Carson konterte: »Dies waren die exakten Worte des Zeugen!«

»Aber mein geschätzter Kollege hat kein Recht, Vermutungen über ein bestimmtes Verhalten meines Mandanten mit Personen anzustellen, die in diesem Gericht nicht anwesend sind und deren Aussagen nicht gehört wurden.«

Carson setzte zum entscheidenden Schlag an. »Sie werden sie hören, Sir Edward!«, rief er mit gellender Stimme. »Es ist meine Absicht, jeden der genannten Männer in diesem Gericht in den Zeugenstand zu rufen.« Mit den Knöcheln seiner Finger schlug er skandierend auf den Tisch. »Wood, Parker, Atkin, Granger und Taylor werden ihre ruchlosen und abwegigen Erfahrungen im Umgang mit Mr Oscar Wilde im Zeugenstand darlegen!«

»Euer Ehren!«, eiferte sich Sir Edward. »Diese Männer sind eine Gruppe von Erpressern und polizeilich verdächtigten Personen. Der Wahrheitsgehalt ihrer Aussage ist in keiner Weise …!«

»Wer sie auch sein mögen«, unterbrach ihn Carson. »Sie werden in Kürze hier auftreten und ihre Aussagen machen. Ich werde beweisen, dass die Anschuldigungen gegen Oscar Wilde die Wahrheit, die ganze Wahrheit und nichts als die Wahrheit sind!«

Richter und Gerichtsdiener sahen sich außerstande, den einsetzenden Tumult im Zaum zu halten. Als endlich wieder Ruhe herrschte, gab der Richter bekannt: »Dies scheint mir ein geeigneter Zeitpunkt zu sein, die Verhandlung für eine halbe Stunde zu vertagen.«

»Erheben Sie sich!«, rief der Gerichtsdiener. »Jedermann, der ein Anliegen an das königliche Schwurgericht oder die Gefängnisverwaltung zu haben glaubt, möge zum Zwecke der Rechtsprechung vortreten und dem hohen Gericht seine Achtung erweisen! Gott schütze die Königin!«

Draußen dämmerte es. Gleich einer Trauergesellschaft standen Sir Edward und seine Assistenten im Anwaltszimmer beisammen. Oscar Wilde saß ihnen in einem Sessel gegenüber.

»Bevor dieser unglückselige Prozess begonnen hat, gaben Sie mir Ihr Wort, Mr Wilde, dass nichts Wahres an den schrecklichen Vorwürfen von Queensberry sei.«

»Ich weiß, Sir Edward«, antwortete Oscar. »Das war unverzeihlich töricht von mir. Doch ich habe befürchtet, Sie würden meinen Fall sonst nicht übernehmen.«

»Sie begreifen, dass Sie den Fall bereits verloren haben, Sir«, antwortete der Anwalt. »Darum geht es jetzt aber nicht mehr.

Sobald Mr Carson diese jungen Männer in den Zeugenstand ruft, dürften sich aus deren Aussagen schwerwiegende Anklagepunkte gegen Sie ergeben. Ich fürchte, dass Sie danach umgehend verhaftet werden.«

Oscar starrte auf das Glas Brandy, das man ihm eingeschenkt hatte. »Verhaftet?«

»Darf ich etwas dazu sagen?«, meldete sich Bosie.

»Bitte, Lord Douglas.«

»Dieser Prozess hat damit begonnen, dass mein Vater Mr Wilde einer unmoralischen Beziehung zu mir bezichtigt hat.«

»Das ist der Sachverhalt.«

»Warum kann ich denn nicht endlich in den Zeugenstand treten?«, rief Bosie erregt.

»Weil ich dir gesagt habe …«, griff Oscar ein.

»Es ist ja nicht wahr!«, schrie Bosie mit sich überschlagender Stimme. »Die Anschuldigung ist unwahr! Du weißt, dass sie unwahr ist!«

Oscar fühlte sich an jenes Gespräch mit Ada erinnert, bei dem er ihr gestanden hatte, dass Bosie und er ein eher platonisches Verhältnis hätten und er den Jungen bilden und die Wunden, die dessen Vater ihm geschlagen hatte, heilen wolle. Im Sinne der Anklage gegen Queensberry war Oscar tatsächlich unschuldig.

Sir Edward versuchte, Oscars Zögern in eine Sinnesänderung umzumünzen. »Nach meiner Meinung wäre es ein grober Fehler, Lord Douglas weiterhin nicht in den Zeugenstand zu rufen«, sagte er drängend. »Ein Fehler, den Sie für den Rest Ihres Lebens bereuen könnten, Sir.«

Oscar stand auf. »Gentlemen, ich habe unerschütterliches Vertrauen in die Vernunft unserer Geschworenen. Wenn es so sein sollte, dass dieser Fall tatsächlich von den Aussagen Woods und Parkers abhängt, die von der Verteidigung gewiss Geld dafür bekommen, will ich nicht glauben, dass eine britische Jury deren Wort mehr Glauben schenkt als meinem.«

»Ich wünschte, ich könnte Ihre Zuversicht teilen, Mr Wilde.«

»Komme es, wie es mag: Ich bleibe dabei, Alfred darf nicht in den Zeugenstand gerufen werden.«

»Dann bleibt mir nichts anderes übrig, um den Rest Ihres guten Rufes zu wahren, Mr Wilde, als die Anklage gegen den Marquess zurückzuziehen.«

»Mein Vater soll den Sieg davontragen?«, schrie Bosie.

»Es besteht nicht die geringste Chance, dass Ihr Vater jetzt noch verurteilt wird, Lord Douglas. – Mr Wilde, bitte entscheiden Sie. Wir haben nur wenige Minuten, bis das Gericht wieder zusammentritt.«

Oscar sah ihn offen an. »Ist das Ihr juristischer Rat, Sir Edward?«

»Es ist mein dringender Rat.«

»Dann wollen wir es so machen.«

Während Bosie sich wütend auf die Couch warf, schüttelte Sir Edward Wilde die Hand. »Ich werde tun, was in meiner Macht steht.« An der Tür drehte er sich noch einmal um. »Es gibt übrigens keinen Grund, weshalb Sie bei der Verhandlung weiter anwesend sein müssten, Mr Wilde. Um mich noch deutlicher auszudrücken: Es gibt nicht einmal einen Grund, weshalb Sie in Großbritannien bleiben müssten. Heute Nacht um zehn Uhr verlässt ein Schiff den Hafen von Dover. Ich gebe Ihnen den Rat, an Bord zu gehen.«

Eine Minute später betrat Sir Edward wieder den Gerichtssaal. Die Verhandlung wurde fortgesetzt.

Mr Carson bereitete die Einvernahme seiner Zeugen vor. »Mr Wilde gab Champagner-Dinners in den teuersten Hotels«, sagte er. »Wozu sollte dieser Luxus dienen, wenn nicht, um die Gemüter dieser jungen Männer zu verwirren und sie ihrem großzügigen Gastgeber gefügig zu machen?«

Jedem im Saal war die Neugier anzumerken, was es wohl zu bedeuten hatte, dass der renommierte Sir Edward in diesem Augenblick an seinen weit weniger bekannten Kollegen herantrat.

»Euer Ehren, ich bitte um Verzeihung, wenn ich meinen geschätzten Kollegen für einen Moment sprechen möchte.« Sir Edward beugte sich zu Carson und gab ihm den aktuellen Stand bekannt. Wenn er angenommen hatte, die Reaktion Carsons würde triumphierend ausfallen, täuschte er sich.

»Mein Gott, Oscar«, murmelte der Verteidiger Queensberrys. »Der arme Teufel ist nicht zu beneiden.« Carson klopfte Sir Edward auf die Schulter und setzte sich, ohne sein Plädoyer fortzusetzen.

Sir Edward trat vor die Richterbank. »Ich erbitte Euer Ehrens Nachsicht, doch im Interesse meines Mandanten mache ich das Gericht mit Folgendem vertraut: Es ist nicht unwahrscheinlich, dass sich die Jury zugunsten des Marquess of Queensberry entscheiden dürfte. So ein Urteil vermöchte in der Öffentlichkeit zu einer generellen Aburteilung gewisser Handlungen meines Mandanten führen, die auf das Entschiedenste abzulehnen ist. Deshalb lassen wir die Anklage gegen den Marquess of Queensberry hiermit fallen und hoffen, die Angelegenheit damit zu einem raschen Ende zu bringen.«

Eine Viertelstunde später befand sich die Klageschrift gegen Oscar Wilde bereits auf dem Weg zum Generalstaatsanwalt, der einen Haftbefehl gegen Oscar Fingal O'Flahertie Wills Wilde ausstellte.

16

Tite Street,
derselbe Abend

Robbie stellte die gepackte Reisetasche in Oscars Reichweite. Mary hatte Proviant zurechtgemacht und ein Fläschchen Brandy dazugetan.

Bosie gab es auf, Oscar zu beschwören, abzureisen, doch sein alter Freund Robbie redete weiter auf ihn ein.

Er versuchte, dem Freund den Aufbruch nicht als Flucht, sondern als Vergnügungsreise schmackhaft zu machen. »Du schaffst den Zug noch bequem«, beschwor er ihn. »Und in Dover bleibt dir eine gute halbe Stunde zum Umsteigen.«

Oscar trank vom Brandy. »Die Polizei ist nicht dumm, sie werden mich in Dover erwarten.«

»Nein. Wenn Sir Edward dir diesen Ausweg aufzeigt, wird er auch dafür gesorgt haben, dass er dir nicht verschlossen sein dürfte.«

»Ach, mein Freund –«

Robbies Verzweiflung machte sich Luft. »Nach Shakespeare bist du heute der beliebteste Dramatiker im Königreich! Deine Märchen werden in den Schulen gelesen. Ladys der besten Gesellschaft haben den *Dorian Gray* in ihrer Schublade. Niemand außer Queensberry und ein paar Fanatikern wollen, dass Oscar Wilde etwas Übles widerfährt! Ich habe es dir oft gesagt, Oscar: Du bist ein Künstler, von dir erwarten die Leute, dass du dich anders benimmst als die Bürger. Fahr nach Frankreich oder nach Italien, genieße die Kultur und das gute Wetter, und wenn du zurückkommst, hat England den Skandal längst vergessen. Unsere Gerichte haben Besseres zu tun, als sich um so ein Bagatellverfahren zu kümmern.«

Oscar nahm die Hände des Freundes. »Ich danke dir von Herzen, Robbie, aber ich kann nicht. Was in diesem Land geschieht, ist Unrecht. Es ist die Unterdrückung einer Liebe, die du, die ich und viele andere in sich spüren. Liebe kann niemals falsch sein, Robbie, wie lautstark die Philister sie auch verdammen mögen. Wenn jemand, der berühmt ist wie ich, für seine Liebe geradestehen muss, wenn er seine Liebe in den Zeugenstand oder auf die Anklagebank trägt, dann werden, dann müssen sich die Zustände in England ändern.«

Im Hintergrund lachte Bosie provozierend. »Ausgerechnet im Reich von Queen Victoria, der sittenstrengsten Königin aller Zeiten?«

»Selbst unter ihr muss die Gesellschaft einsehen, dass der Ruf der Liebe stärker ist als jedes überkommene Gesetz.«

»Das sind Hirngespinste, Oscar!«, ging Robbie dazwischen. »Du setzt dein Werk, deine Reputation, dein Leben aufs Spiel, wenn du bleibst. Unsere Gesetze sind, wie sie sind, das Gericht muss dich verurteilen!«

»Die Richter mögen daran gebunden sein, nicht aber die Geschworenen. Ich vertraue auf den gesunden Menschenverstand dieser Leute. Ich vertraue auf ihr Urteil.« Als müsste er seinen Freund ermutigen und nicht umgekehrt, lächelte Oscar. »Vorhin ist meine Mutter hier gewesen.«

»Speranza? Sie ist die radikalste Frau, die ich kenne.«

»Allerdings verwandelt sich ihre Radikalität allmählich in

Altersstarrsinn«, antwortete Oscar. »Sie kam zu mir, um sich zu verabschieden.«

»Dann rät Speranza also auch zur Flucht?«, fragte Robbie mit neuer Hoffnung.

»Sie kam, um mir zu meinem Kampf zu gratulieren. ›Du bist ein irischer Gentleman‹, sagte sie und erinnerte mich daran, dass auch mein Vater sich zur Wehr setzte, als man ihn verleumdete. Speranza selbst hat für ein revolutionäres Blatt geschrieben und stand deshalb vor Gericht. Beim Abschied sagte sie: ›Du wirst gegen die englischen Philister kämpfen und gewinnen.‹«

»Diese Sturheit!«, rief Robbie. »Was geschieht, wenn du unterliegst? Wenn du ins Zuchthaus musst? Hast du dann die Ehre deiner Familie gerettet?«

»Die Ehre, um die ich kämpfe, ist eine größere«, entgegnete Oscar schlicht.

Es klopfte, Mary trat ein. »Mr Wilde, draußen sind zwei Herren, die Sie zu dieser späten Stunde zu sehen wünschen.«

Sie hatte noch nicht ausgesprochen, als Männer in schwarzen Gehröcken hinter ihr auftauchten. »Mr Wilde?«

Er stand auf. »Ja?«

»Wir haben einen Haftbefehl gegen Sie, Sir.«

Oscar war totenbleich geworden, bemühte aber das berühmte Lächeln, mit dem er so oft porträtiert worden war.

»Wir fordern Sie auf, uns zur Polizeistation zu begleiten.«

Oscar trank sein Glas aus, zog den Mantel an und nahm die Reisetasche. Er verabschiedete sich von Robbie, Bosie aber vermochte er nicht mehr anzusehen. An der Seite der Beamten verließ er die Bibliothek.

Der nächste Tag sah in London Veränderungen, wie sie nach dem Umsturz einer Regierung nicht gravierender hätten sein können. Die Zeitungen kannten nur ein Thema. Es wurde in den Clubs hitzig diskutiert, auch im Athenaeum Club. Umringt von Mitgliedern des Oberhauses las Sir Wilfried Witherly aus dem *Daily Herald* vor.

»›Der Marquess of Queensberry verließ das Gericht im Triumphzug. Nach diesem Debakel kommen düstere Zeiten auf Oscar Wilde zu. Seine Karriere dürfte zerstört sein.‹«

»Was soll das heißen? Der Prozess gegen Wilde hat noch nicht einmal begonnen«, warf der freundliche Lord Heldsworth ein.

Witherly blickte ihn über den Zeitungsrand an. »Der Mann ist verloren. Die Verhandlung ist nur noch eine Formalität.«

»Gut!«, ereiferte sich Mr Deerfield. »Es ist an der Zeit, dass wieder Moral und Sittlichkeit einkehren. London verkommt zu einem Sündenpfuhl.«

Sir Witherly las weiter. »›Das Verabscheuungswürdige und Verruchte, das sich in unserer Mitte eingenistet hat, soll nun für immer verschwinden.‹«

»Hört, hört«, murmelte die Runde.

»Mir hat dieser affektierte Wilde nie gefallen«, pflichtete Deerfield bei. »Ich habe seine Stücke nur mit Mühe ertragen. Unmoralischer Blödsinn!«

»Meine Herren –«, versuchte sich Lord Heldsworth Gehör zu verschaffen. »Eines unserer wichtigsten Prinzipien lautet: Ein Mann ist so lange unschuldig, bis seine Schuld bewiesen wurde.«

»Hier gibt es nichts mehr zu beweisen«, knurrte Deerfield.

General Rougherty meldete sich zu Wort. »Würde Wilde in

meinem Regiment dienen, ich würde ihn vor eine Kanone binden und persönlich Feuer an die Lunte legen.«

»Haha, wohl gesprochen, General«, stimmte Witherly zu. »Diese sogenannten Künstler sind doch alle gleich. Zu lange Haare und Schweinereien im Kopf.«

»Aber Gentlemen!«, rief Heldsworth. »Nehmen wir die Angelegenheit nicht viel zu ernst?«

»Nein«, entgegnete Deerfield. »Wie heißt noch mal das Stück von Wilde? – ›Ernst sein ist alles‹!«

Die Runde lachte Heldsworth ins Gesicht: »Ernst sein ist alles, haha!«

Um die gleiche Zeit trat der Plakatierer des St James's Theatre mit Leim und Pinsel aus dem Haus. Bevor man ihn gerufen hatte, musste ein Streit innerhalb der Theaterleitung geschlichtet werden.

»Wir sind bis Ende des nächsten Monats ausverkauft«, rief der geschäftsführende Direktor. »Wenn wir das Stück jetzt absetzen, verlieren wir Tausende Pfund.«

»Aber wenn wir das Stück nicht absetzen, haben wir die Sittenpolizei auf dem Hals«, argumentierte der Intendant.

»Das Drama steht ja nicht unter Anklage«, argumentierte der Geschäftsführer. »Nur sein Autor.«

»Ist das nicht ein und dasselbe?«

Der Geschäftsführer wies aus dem Fenster, wo die Plakate hingen. »*Ernst sein ist alles* ist eine Komödie. Die Liebespaare, die darin dargestellt werden, sind anständige Menschen aus gehobenen Kreisen.«

»Es sind vor allem Männlein und Weiblein«, meldete sich der Prokurist zu Wort. »Keine liebestollen jungen Böcke, wie der Autor sie bevorzugt.«

»Richtig. Das Einzige, was an diesen Plakaten anstößig sein könnte, ist sein Name«, schlussfolgerte der Geschäftsführer.

»Was schlagen Sie vor?« Der Intendant trat neben seinen Kollegen.

»Sein Name muss weg.«

»So ist es. Der Name muss weg«, pflichtete der Prokurist bei.

Aus diesem Grund trat der Plakatierer vor den Aushang am Theaterportal, strich mit dem Kleister über Oscars Namen und klebte einen Streifen weißen Papiers darüber. So verfuhr er bei sämtlichen Aushängen in der Umgebung. *Ernst sein ist alles* wurde weitergespielt, als hätte es einen Verfasser nie gegeben.

Ähnlich verfuhren auch die Buchhandlungen. In einem Laden unweit des Theaters wurde die kunstvoll gestapelte Pyramide aus Oscar Wildes Büchern Stück für Stück abgeräumt. Seine Märchensammlung kam in eine Kiste, *Das Bildnis des Dorian Gray* in eine andere. Nicht ohne Wehmut ergriff der Buchhändler das gerahmte Porträt des Dichters und warf es ebenfalls dazu.

»Was machen wir mit den Büchern?«, erkundigte sich sein Gehilfe. »Verbrennen wir sie?«

»Wo denken Sie hin? Der Mann könnte freigesprochen werden. Dann stellen wir alles wieder genauso auf, wie es war.«

Im Untersuchungsgefängnis

Obwohl draußen der herrlichste Sonnenschein war, war es im Besuchsraum für Delinquenten dunkel. Sir Edward Clarke stützte sich auf das Fenstergesims, bemerkte, dass es staubig war, und wischte über seinen Ärmel. Er und sein Assistent hörten das Klirren des Schlüsselbundes. Oscar Wilde wurde vorgeführt.

»Sir Edward –«, rief Oscar überrascht, nachdem sich seine Augen an die Dunkelheit gewöhnt hatten. »Ich hatte nicht mit Ihnen gerechnet.«

Der Anwalt schüttelte ihm die Hand. »Mr Wilde, ich weiß nicht, welche Arrangements Sie für Ihre Verteidigung getroffen haben, aber wenn Sie es wünschen, wäre es mir ein Anliegen, in Ihrer Angelegenheit weiter tätig zu werden.«

Staunend zog Oscar die Hand zurück. »Ich bin Ihnen dankbar, Sir Edward. Aber warum wollen Sie …?«

»Es gibt juristische Aspekte dieses Verfahrens, Mr Wilde, die mich zutiefst schockieren. Die Anklage stützt sich auf die Aussage von Zeugen, die mehrerer Verbrechen überführt worden sind, Körperverletzung, Taschendiebstahl und Erpressung, um nur einige zu nennen. Trotzdem hat die Krone nicht die Absicht, diese Zeugen wegen ihrer Verbrechen anzuklagen, sondern ihnen wird vielmehr Straffreiheit versprochen, sofern sie gegen Sie, Mr Wilde, in einem bestimmten Sinn aussagen. Diese Vorgangsweise widerspricht meinem Vertrauen in die britische Gerichtsbarkeit. Unter diesen Umständen halte ich es für eine Ehre, Ihnen meine Dienste anzubieten, Sir.«

Oscar war so verwirrt und gerührt von dem großmütigen Angebot, dass er sich für einen Moment an die Augen fasste.

»Ich danke Ihnen, Sir Edward. Ich fürchte nur, dass die Kosten für meinen letzten Fall noch ausständig sind. Der Prozess gegen Queensberry hat mich in Schulden gestürzt, doch ich versuche, wenigstens Ihre bisherige Rechnung zu begleichen.«

Der Anwalt sah dem Dichter in die Augen. »Bei unserem ersten Gespräch erwähnten Sie ein Prinzip, Mr Wilde, nach dem Sie handelten und weswegen Sie den Fall gegen Queensberry ausfechten mussten. Auch mir geht es um ein Prinzip, Sir, das der Gerechtigkeit. ›*Let Right Be Done*‹, dem Recht soll Genüge getan werden – dieses Wort hat für mich selbst nach all den Jahren als Anwalt einen bezwingenden Klang. Die Frage der Honorierung ist für mich daher nicht von Belang.«

Für einen Moment brach Oscar in Tränen aus, fasste sich aber gleich wieder.

Sir Edward forderte seinen Assistenten auf, ein Notizbuch aufzuschlagen. »Es gibt eine Menge Fragen, die wir erörtern müssen, Mr Wilde.« Mit seinem Taschentuch säuberte er die Sitzfläche eines Stuhls und nahm Platz.

17

The Royal Courts of Justice

Diesmal wäre selbst Saal 104 zu klein für das allgemeine Interesse gewesen. Um einen Zuschaueransturm zu vermeiden, hatte man vor Verhandlungsbeginn Nummern ausgegeben, die in Kürze vergriffen waren. Die Tribünen barsten förmlich von Vertretern der Presse, die sich in einem Rotationssystem abwechselten, damit jede Zeitung einmal beim Prozess anwesend sein konnte. Unter den zivilen Beobachtern saß auch der Marquess of Queensberry, umgeben von Freunden und Unterstützern.

»Wenden wir uns nun dieser Publikation zu«, sagte Charles Gill, der Ankläger der Krone. »Sie trägt den Titel *Das Chamäleon*.«

Sir Edward erhob sich. »Euer Ehren, ich habe mehrfach gegen die Verwendung dieses sogenannten Beweismittels Einspruch erhoben. Die Beiträge meines Mandanten im *Chamäleon* sind literarischer Natur und stehen zu den in der Anklageschrift vorgebrachten Beschuldigungen in keinerlei Zusammenhang.«

»Und doch beabsichtige ich mit Hilfe dieser Beiträge den Sinngehalt meines Kreuzverhörs zu vertiefen, Euer Ehren«, hielt der Ankläger dagegen.

Der Vorsitzende Richter, Lord Darren, fasste Sir Edward ins Auge. »Ich bin geneigt, Material, das imstande ist, Licht auf diese widernatürliche Angelegenheit zu werfen, anzuerkennen. Ihr Einspruch ist abgewiesen.«

Verwundert über den rüden und offensichtlich parteiischen Spruch des Richters nahm Sir Edward wieder Platz.

»In diesem Magazin ist neben Ihrem eigenen Textbeitrag ein Gedicht von Lord Alfred Douglas abgedruckt«, fuhr Mr Gill fort. »Es trägt den Titel *Zwei Lieben*.«

Oscar Wilde seufzte. »Dieses Poem scheint bei Gericht sehr beliebt zu sein. Lord Douglas kann sich bald rühmen, ein anerkannter Gerichts-Poet zu sein.«

Sir Edward gab ihm ein Zeichen, dass jegliche humorige Äußerung in seiner momentanen Situation unangebracht sei.

»Sie kennen das betreffende Gedicht, Mr Wilde?«, fragte Gill.

»Natürlich.«

»Hat Lord Alfred Douglas es Ihnen vorgelesen?«

»Ja.«

»Dann können Sie hoffentlich nachvollziehen, dass einige dieser Verse nicht annehmbar sind für einen ... sagen wir: normalen Leser mit ausgewogener Wesensart.«

»Was das betrifft, handelt es sich lediglich um eine Frage des Geschmacks, des Temperaments und der Individualität«, entgegnete Oscar. »Für den einen ist es Poesie, für den anderen könnte es Gift sein.«

Es schien Mr Gill zu freuen, dass der Schriftsteller sich zu einer ausführlichen Erklärung hatte hinreißen lassen. »In dem Gedicht *Zwei Lieben* wird zunächst eine Liebe als die wahre Liebe bezeichnet, die – und ich zitiere: ›die Herzen von Jünglingen und Jungfrauen mit gleicher Flamm' entzündet‹. In dem Gedicht gibt es aber noch eine andere Liebe, und ihr Name ist

›Schande‹. Hier heißt es: ›Ich bin die Liebe, die ihren Namen nicht zu nennen wagt.‹« Gill hielt die Textseite hoch. »Hat Lord Douglas Ihnen diese doppelte Bedeutung der Liebe erklärt, Mr Wilde?«

»Da war nicht nötig, denn es ist ganz eindeutig.«

»Eindeutig? Es besteht kein Zweifel, was es bedeutet?«

»Gewiss nicht.«

»Die hier beschriebene Liebe scheidet sich demnach in eine natürliche und eine widernatürliche Liebe.«

»Ganz und gar nicht.«

»Ach nein? Was ist denn ›diese Liebe, die ihren Namen nicht zu nennen wagt‹, Mr Wilde?«

Oscar sammelte sich. Für ihn und die meisten im Gerichtssaal bestand kein Zweifel, dass der Prozess nun zu seinem Kern vorstieß. Er blickte auf. Gelassenheit, zugleich eine tiefe Überzeugung lagen auf seinem Gesicht.

»Die Liebe, die ihren Namen nicht zu nennen wagt, ist die nicht alltägliche Zuneigung eines älteren zu einem jüngeren Mann. Sie wird in unserer Zeit bedauerlicherweise als etwas Anrüchiges angesehen. In Wahrheit ist es eine Zuneigung, wie wir sie aus der Bibel kennen, von David und Jonathan, oder wie sie Plato zur Grundlage seiner Philosophie gemacht hat. Man findet sie in den berühmten Sonetten Michelangelos und Shakespeares. In unserem Jahrhundert wird sie leider missverstanden.«

Queensberry lachte höhnisch auf, allgemeines Gemurmel erhob sich, das der Richter mit einem Hammerschlag beendete.

Wilde fuhr fort. »Sie wird so sehr missverstanden, dass man sie durchaus als ›Liebe, die ihren Namen nicht zu nennen wagt‹ beschreiben kann. Aus diesem Grund stehe ich heute hier vor

Ihnen.« Er ließ den Blick durch den Gerichtssaal schweifen. »Diese Liebe ist schön, sie ist edel, und nichts an ihr ist widernatürlich. Sie ist intellektuell und damit die höchste Form der Anteilnahme eines Lehrers zu seinem Schüler. Sie findet Ausdruck in der Zuneigung eines älteren Mannes, sofern dieser Geist besitzt und der jüngere Mann noch all die Hoffnungen, Freuden und den Glanz des Lebens vor sich hat. Doch die Welt will nicht begreifen, dass es sich so verhält. Die Welt spottet dieser Liebe, und manchmal stellt sie einen Mann dafür an den Pranger.«

Die Stille im Saal wurde durch Applaus von den hinteren Tribünenrängen unterbrochen. Auch Robbie war unter denen, die applaudierten. Der Beifall wurde jedoch augenblicklich durch die Buhrufe übertönt.

Der Marquess of Queensberry sprang auf. »Leeres Geschwätz!«

»Ruhe!« Richter und Gerichtsdiener stellten die Ordnung wieder her. »Wenn Meinungsäußerungen dieser Art sich wiederholen, lasse ich den Saal räumen«, verkündete der Richter.

»Keine weiteren Fragen, Euer Ehren.« Mr Gill beendete sein Kreuzverhör.

»Der Zeuge mag auf die Anklagebank zurückkehren.«

Gill nahm seine Unterlagen zur Hand. »Euer Ehren, die Anklagepunkte gegen Oscar Wilde beziehen sich auf dessen widernatürliche Kontakte zu einem jungen Mann namens Alfred Wood, außerdem zu Atkin, Taylor und Charles Parker. Meine Herren Geschworenen, sobald Sie die Aussagen dieser jungen Männer gehört haben, bin ich überzeugt, dass Sie den Angeklagten in allen Punkten für schuldig befinden werden. Ich rufe nun Alfred Wood in den Zeugenstand.«

Während einer Prozesspause goss Sir Edward sich und seinem Assistenten Brandy ein. »In all meinen Jahren vor Gericht wurde ich noch nie mit einer derart widerlichen Ansammlung von Zeugen konfrontiert: Wood, Taylor, Parker, Atkin! Die Anklage hat im Bodensatz des schlimmsten Abschaums gewühlt, um so eine Kollektion zusammenzubringen.«

Der Assistent trank. »Ein Mann von Wildes Verstand, seinem Geschmack, seiner verfeinerten Lebensart, wie konnte er sich mit solchen Leuten abgeben?«

Sir Edward ließ sich in den Sessel sinken. »Um das zu verstehen, müssten wir die Natur von Mr Wildes Perversion kennen. Ich bin Jurist, kein Arzt. Für mich ist sein Verhalten degeneriert und unnatürlich. Das war übrigens schon meine Meinung, als ich den Fall übernommen habe.«

»Weshalb haben Sie dann ...?«

»Ich bewundere Mr Wilde. Sein Talent und sein Genie, und doch wohnen so unterschiedliche Seelen in seiner Brust, dass sie nur schwer zu begreifen sind.« Sir Edward stellte das Glas beiseite. »Es ist eine schlimme Sache, wenn ein außergewöhnlicher Mensch durch eine Bande von Erpressern und Kleinkriminellen gekreuzigt werden soll.«

»Ich habe Sie selten so mutlos gesehen, Sir.«

»Das Urteil gegen Oscar Wilde wurde bereits gefällt, und zwar von der Öffentlichkeit. Was die allgemeine Meinung betrifft, ist er schuldig. Das Äußerste, worauf wir in der herrschenden Stimmung hoffen können, ist ein Schimmer christlicher Nächstenliebe.«

Die Verhandlung wurde fortgesetzt. In seiner Robe, die Perücke auf dem Kopf, wandte sich Sir Edward an die Geschworenen.

»Gentlemen der Jury, ein entscheidender Angriffspunkt der Anklage bezieht sich auf Mr Wildes Poesie und seine Literatur. Ich frage Sie, meine Geschworenen: Darf ein Schriftsteller aufgrund der Moral seiner Buchfiguren verurteilt werden? Wurde Robert Louis Stevenson etwa als lüsternes Monster beschimpft, weil er *Dr Jekyll und Mr Hyde* geschrieben hat? Diese schwerwiegende Frage werden Sie zu entscheiden haben. Was Mr Wilde in seinen Briefen beschreibt, hat er Ihnen als reine Form der Zuneigung offenbart, die im Widerspruch zu den behaupteten schmutzigen und widerlichen Praktiken steht, die durch den Aufmarsch von Kriminellen im Auftrag der Anklage genannt wurden.«

Mit einer Geste lenkte Sir Edward die Aufmerksamkeit auf den Angeklagten. »Oscar Wilde ist kein gewöhnlicher Mensch, wie wir erkennen. Er ist ein Mann, der brillante Literatur und hinreißende Theaterstücke schreibt. Seine Briefe sind in einem Ton abgefasst, der den meisten von uns als hochfliegend erscheinen mag. Doch wenn jemand solche Literatur schreibt, nicht im stillen Kämmerlein, sondern wenn er seine Produkte veröffentlicht, weil er das Urteil der Welt nicht fürchtet, erbringt er damit nicht den besten Beweis für seine Unschuld?«

Sir Edward trat vor die Geschworenenbank. »Gentlemen der Jury, Mr Wilde hat tiefes Vertrauen in Ihr durch gesunden Menschenverstand genährtes Urteil. Was dagegen die Aussagen der zwielichtigen Zeugen der Anklage betrifft, vertraue ich darauf, dass Sie deren verdorbenen und verlogenen Worten keinen Glauben schenken. Wenn Sie daher entscheiden, dass die Schuld des Angeklagten nicht bewiesen werden konnte, wird es Sie mit Stolz erfüllen, dass Ihr Urteil einen Menschen rettet, der durch das Vorurteil der Öffentlichkeit bereits an den

Rand des Ruins getrieben wurde. Dann wird es Mr Wilde möglich sein, uns weiterhin mit literarischen Werken zu beschenken, von denen wir schon so viele bewunderungswürdige Beispiele erhalten haben.«

Nach Beendigung der Beweisaufnahme und Anhörung der Plädoyers zog sich die Jury zur Beratung zurück. Vier Stunden später wurde dem Vorsitzenden Richter bekanntgegeben, dass die Geschworenen gehört werden wollten. Die Verhandlung trat erneut zusammen, der Angeklagte wurde vorgeführt.

Der Richter erschien. »Meine Herren Geschworenen, es wurde mir zur Kenntnis gebracht, dass Sie sich außerstande sehen, ein Urteil zu fällen.«

Der Sprecher der Jury erhob sich. »So ist es, Euer Ehren.«

»Besteht die Hoffnung, sofern Sie sich erneut zurückziehen und Ihre Beratungen fortsetzen, dass Sie doch noch zu einer Einigung kommen könnten?«

»Wir haben diese Frage eingehend erörtert, Euer Ehren. Das Resultat lautet: Wir können uns nicht einigen.«

»Ich habe keinen Zweifel an Ihren Anstrengungen, einen Urteilsspruch zu finden, aber bitte bedenken Sie, dass die Umstände, einen neuen Prozess anzusetzen, kostspielig und für alle Beteiligten einschneidend wären.«

»Euer Ehren, ich fürchte, es gibt es keine Chance mehr auf eine Einigung dieser Jury.«

Unwillig warf der Richter den Stift auf sein Pult. »Dann habe ich keine andere Wahl, als Sie zu entlassen, Gentlemen. Sie sind jeder weiteren Pflicht in Diensten des Gerichts enthoben.«

Sir Edward stand auf. »Euer Ehren, in diesem Fall muss ich die Frage der Kaution aufwerfen. Bis zu einem neuerlichen Prozessbeginn können Wochen, wenn nicht Monate vergehen. Ich beantrage, eine Kaution festzusetzen, die es Mr Wilde ermöglicht, bis zum Beginn des Wiederaufnahmeverfahrens die Untersuchungshaft zu verlassen.«

Wiederaufnahmeverfahren – für Oscar hatte das Wort einen diabolischen Klang. Dass die zwölf Männer sich ihm gegenüber außerstande sahen, ihn schuldig zu sprechen, sagte nichts darüber aus, wie die nächste Jury befinden würde. Es bedeutete nur, dass er den quälenden Reigen an Zeugenaussagen und Kreuzverhören ein weiteres Mal über sich ergehen lassen musste.

18

*Im Untersuchungsgefängnis,
eine Woche später*

Wie damals vor der Verhaftung hatte Robbie die kleine Reisetasche mit Oscars Habseligkeiten dabei. »Komm, schnell, ich bringe dich hier raus.«

Oscar erhob sich von der Pritsche. »Robbie – Wieso …?«

»Wir haben Kaution gestellt.«

»Kaution? Wen gibt es auf der ganzen Welt, der fünftausend Pfund für mich aufs Spiel setzt?«

Robbie half ihm in die Jacke und zog ihm sogar die Schuhe an. »Zuerst haben sie ein ziemliches Geheimnis daraus gemacht, aber am Schluss hat Bosie mir verraten, dass sein Bruder Percy einen Großteil der Summe aufgebracht hat.«

»Percy Douglas?«

»Bosie und er würden alles tun, um ihrem Vater zu schaden.« Robbie klopfte an die Zellentür. »Der Rest kam von dem guten Reverend Hedlin.«

»Ich kenne diesen Priester kaum.«

»Aber man kennt dich, Oscar. Du hast mehr Freunde in England, als du weißt.« Ein Schlüsselbund klirrte. »Nichts wie weg hier, bevor die es sich noch anders überlegen.«

Die Tür schwang auf.

In einer Droschke erreichten sie die Innenstadt. Als der Wagen an der Abzweigung nach Chelsea vorbeifuhr, wollte Oscar dem Kutscher dessen Irrtum zurufen.

Robbie sagte dem Mann, er solle weiterfahren. »Ich bringe dich in ein Hotel.«

»Aber nein. Ich muss nach Hause, meine Papiere durchsehen. Ich muss die Manuskripte in Sicherheit bringen. Vielleicht erwartet Constance außerdem, dass ich ...«

»Constance und deine Söhne wohnen nicht mehr in der Tite Street«, unterbrach Robbie ihn. »Der tägliche Presserummel wurde ihr unerträglich.«

»Sie hat möglicherweise eine Nachricht für mich hinterlassen.« Oscar bestand darauf, in die Tite Street gebracht zu werden.

Als sie ankamen, blockierten mehrere Fuhrwerke, hochbeladen mit Möbeln und Haushaltsgegenständen, den Weg.

Wilde sprang aus der Droschke. »Das ist mein Sofa! Auf diesem Sofa habe ich jeden Nachmittag geruht!«

Robbie hinderte ihn daran, zu dem Fuhrwerk zu rennen. »Ich wollte dir das ersparen, Oscar.«

»Was geschieht hier?!«

»Es handelt sich um deine Schulden.«

Oscar blieb stehen. »Sir Edward wollte doch damit warten, bevor er sein Honorar ...«

»Es geht nicht um die Anwaltskosten. Vor dem Prozess hast du hohe Schulden gemacht. Nun, da die Gläubiger deinen Untergang wittern, wollen sie alle rasch ihr Geld. Die Behörde hat die Zwangsversteigerung angeordnet. Bitte, Oscar, lass uns in ein Hotel gehen.«

»Noch ist das meine Wohnung!« Mit erhobenem Stock

stürmte er ins Haus, in dem sich Dutzende Leute beiderlei Geschlechts drängten. Eine Dame blätterte in einem Bildband, zwei Herren stritten, wer von ihnen den reichverzierten Samowar bekommen sollte. Männer eines Umzugsunternehmens schleppten die Anrichte durch das Vestibül.

Die Frau mit dem Buch erkannte ihn. »Mr Wilde, Sie sind zurück? Ja, sitzen Sie denn nicht im ...?«

Sobald sein Name fiel, drängten auch andere heran. Trotz des Trubels gelang es der treuen Mary, ihren Dienstherrn als Erste zu erreichen.

»Mr Wilde, diese Leute benehmen sich wie die Barbaren.« Sie präsentierte eine Aktentasche. »Es ist mir gelungen, einige Ihrer Manuskripte zu retten. Nie hätte ich meinen Landsleuten so etwas zugetraut!«

»Danke, Mary.«

»Zwei Pfund!«, rief jemand weiter hinten in der Bibliothek. »Höre ich drei? Wer bietet drei Pfund für diese Erstausgabe der Gedichte von Walt Whitman?«

Oscar drängte sich in sein früheres Arbeitszimmer.

Hinter dem Schreibtisch residierte ein Mann in abgetragenem Anzug, einen Zylinder auf dem Kopf. »Nicht so lahm, meine Herrschaften, wir haben nicht den ganzen Tag Zeit! – Drei Pfund, danke, Sir. Zum Ersten, zum Zweiten und zum Dritten – verkauft für drei Pfund!«

Der Auktionator nahm eine Kohlezeichnung vom Tisch. »Wir haben hier ein Kunstwerk, das den reizenden Oscar Wilde höchstpersönlich zeigt. Was für ein Engelsgesicht, hinter dem sich, wie wir inzwischen wissen, ein Teufelchen verbirgt!«

Gelächter schlug ihm entgegen.

»Was höre ich für dieses Meisterwerk? Wie wäre es für den Anfang mit zehn Shilling?«

Die Summe wurde geboten.

»Zehn Shilling, danke, Madam. Wer bietet zwanzig? Höre ich zwanzig?« Er warf einen Blick auf das Bild, dann zur Tür und wieder auf das Bild. »Entschuldigen Sie, Herrschaften, aber wir bekommen Gesellschaft!« Die Leute drehten sich um. »Vielleicht möchten Sie selbst für dieses Kunstwerk mitbieten, Sir? Wie wäre es mit zwanzig Shilling, Mr Wilde?«

»Komm, Oscar, wir haben genug gesehen«, raunte ihm Robbie zu.

»Kein Gebot, Mr Wilde?«, lachte der Auktionator. »Dann verkaufe ich es für zehn Shilling, zum Ersten, zum Zweiten und …«

»Zwanzig Pfund!«, rief eine vertraute Stimme. Vor der Bücherwand drehte sich der Marquess of Queensberry um.

»Zwanzig …? Danke, My Lord Marquess! Verkauft für zwanzig Pfund an den Marquess!«

Queensberry bezahlte und nahm das Blatt entgegen.

»Was werden Sie nun damit machen?«, fragte ein Reporter. »Hängen Sie es sich ins Badezimmer?«

Queensberry riss das Bild genüsslich in Stücke, die er zu Boden fallen ließ.

»Was für eine Geldverschwendung!«, rief der Reporter.

»Findet ihr es hier drin plötzlich auch so schwul?«, fragte Queensberry seine Begleiter. »*Schwül* wollte ich natürlich sagen. Gehen wir. Ich brauche einen Drink.« Vor ihm bildete sich eine Gasse. Er und seine Kumpane verließen das Zimmer.

»Mr Wilde!«, rief der Auktionator. »Wie wäre es, wenn Sie

Ihre Bücher signieren? Die sind bisher nämlich ziemliche Ladenhüter!«

Robbie drängte den Freund, das demütigende Schauspiel zu verlassen. Beim Ausgang nahm Oscar die Aktentasche von Mary entgegen. Von drinnen hörten sie noch: »Hier habe ich ein Originalmanuskript der Komödie *Ernst sein ist alles*, geschrieben vom seligen Mr Oscar Wilde! Wollen wir als Erstgebot sagen: Sixpence?«

Das Café Royale, am darauffolgenden Abend

Robbie hatte für den Freund ein Hotelzimmer gemietet. Da Oscar es abends in den engen vier Wänden nicht länger aushielt, besuchten sie sein Stammlokal, das Café Royale. Hier, wo der erfolgreiche Dichter die Journalisten früher unterhalten und Bosie Champagner spendiert hatte, tranken sie zusammen eine Flasche billigen Wein. Robbie beobachtete bekümmert, wie sein sonst so redegewandter Freund trank und vor sich hinstarrte.

Im hinteren Teil des Lokals saß eine Gesellschaft. Robbie bemerkte, wie ein Gentleman, der ihnen den Rücken zuwandte, den Kellner zu sich winkte. Ein kurzer Wortwechsel, erschrocken blickte der Kellner in ihre Richtung.

Der Angestellte, der Oscar oft bedient hatte, kam zu ihrer Nische. »Mr Wilde, Sir – es ist mir unangenehm, aber ich fürchte, das Café Royale muss Sie bitten, zu gehen.«

Robbie sprang auf. »Wie können Sie es wagen?«

»Es tut mir außerordentlich leid, Sir.«

»Mr Wilde ist ein langjähriger Gast Ihres Hauses!«

Oscar erhob sich mühevoll. »Ist schon in Ordnung, Robbie. Der Wein schmeckt ohnehin nicht.«

»Erstaunlich, dass neuerdings Kriminelle ins Café Royale gelassen werden!«, rief der Marquess of Queensberry, denn niemand anders war es, und erntete das Gelächter seiner Runde.

»Wo mag der Kerl jetzt hingehen?«, fragte ein Mann mit Zigarre. »In einen Stehausschank? – Vorsicht, Mr Wilde, der Abschaum in Soho wird Sie um Geld anpumpen!«

»Er hat ja keins mehr!« Queensberry winkte den anderen, ihm zu folgen. »Wir wollen doch mal sehen, wo er hinfährt.« Er und seine Kumpane sprangen auf.

Draußen begann es zu regnen. Als Oscar die Droschke bestieg, hörte er eine zarte Frauenstimme hinter sich.

»Gott schütze Sie, Mr Wilde.«

Es war Trudy, die Blumenverkäuferin, bei der er oft seine grüne Nelke ausgesucht hatte.

»Danke, Trudy. Einen schönen Abend wünsche ich Ihnen.« Gemeinsam mit Robbie fuhr er los.

Queensberry ließ sich vom Türsteher eine Kutsche besorgen. Sobald alle Herren eingestiegen waren, rief er: »Folgen Sie diesem Wagen! Lassen Sie antraben, Mann!«

Durch die Air Street ging es die Piccadilly westwärts. Auf Höhe der Sackville Street drehte sich Robbie um. »Bei Gott, sie folgen uns! Ist der Mann wahnsinnig geworden?«

»Das war er von Anfang an«, seufzte Oscar.

»Schneller, Kutscher, schneller!«

Doch so sehr der Mann das Pferd auch antrieb, sie vermochten die andere Kutsche nicht abzuhängen. Über Burlington Gardens ging die wilde Jagd weiter, bis Wilde rief: »Halten Sie an!«

»Was tust du, Oscar? Sie kriegen dich!«

»Ich habe nicht vor, dir das weiter zuzumuten. Von hier aus laufe ich.«

»Wohin?«

»Zu meiner Mutter!«

»Oscar ...«

»Fahr schon!« Oscar sprang aus der Droschke, rannte durch den strömenden Regen, versteckte sich in einem Hauseingang und beobachtete, wie der Wagen, dicht gefolgt von Queensberrys Leuten, vorbeifuhr.

Zwei Straßenblocks weiter überholten sie Robbies Droschke und zwangen den Kutscher, anzuhalten.

»Wo haben Sie Ihren Freund gelassen?«, rief der Lord, als er entdeckte, dass Oscar Wilde verschwunden war.

Robbie stieg kurz aus. »Was wollen Sie denn noch von ihm? Haben Sie noch nicht genug? Soll sich Oscar etwa ein Pfund Fleisch aus dem Körper schneiden?«

»Sie halten mich für einen primitiven Mann, Mr Ross, aber ich weiß wohl, dass Sie gerade Shakespeare zitiert haben. Lassen Sie mich Ihnen sagen, mit einem Pfund Fleisch lasse ich mich nicht abspeisen. Ich werde nicht ruhen, bis ich Mr Wilde sechs Fuß unter der Erde sehe.«

Während Robbie in die Nacht fuhr, rief Queensberry ihm nach: »Ich werde diesen Mann bis zum Tag seines Todes jagen! Bis zum Tag seines Todes!«

Im Haus von Lady Wilde

Oscars Mutter, ›Speranza‹, lebte mit ihrem ältesten Sohn William zusammen, einem hoffnungslosen Alkoholiker. Nachdem sie sich heute Abend auf ihr Zimmer begeben hatte, trat William wie gewohnt an die Bar und bediente sich am Whisky. Heftiges Klopfen ließ ihn zusammenfahren. Er beschloss, nicht zu reagieren, und hatte schon das erste Glas geleert, als Lady Wilde auf der Galerie erschien, einen schwarzen Spitzenschleier auf dem Haupt.

»Wer ist das?«

»Keine Ahnung«, knurrte William. »Und ich habe nicht vor, es herauszufinden.«

»Sieh nach, wer Einlass verlangt, Willie!«

»Wieso trägst du diesen Trauerschleier, Mutter? Oscar ist noch nicht tot«, rief William und füllte sein Glas.

»Für die Welt ist er gestorben!«

Es klopfte heftiger.

»Öffne, William!«

Nicht mehr sicher auf den Beinen, trat er an die Tür. »Wer ist da?«

»Willie, um Himmels willen, mach auf!«

Es dauerte eine gefühlte Ewigkeit, bis William alle Riegel geöffnet hatte.

Durchnässt taumelte Oscar ins Haus. »Kann ich fürs Erste bei euch bleiben? Bitte lass mich bleiben, Willie!«

»Was soll dieser Auftritt, Oscar?«, rief Speranza von der Empore. »Sonst gibst du mir nie die Ehre.«

»Bitte, lass mich bleiben, Mutter. Auf der Straße steinigen sie mich!«

»Du willst mein Sohn sein?« Langsam kam sie die Treppe herunter. »Das soll Oscar Wilde sein, der sich wimmernd bei seiner Mutter verkriecht?«

Willie kippte den nächsten Drink. »Mutter, um Himmels willen!«

»Stell dich ihnen, Oscar!«, rief sie, die Kerze wie eine Revolutionsflamme erhoben.

»Das habe ich, Mutter! Monatelang bin ich ihnen entgegengetreten! Jetzt weiß ich nicht mehr, wohin! Sie haben mich nur freigelassen, damit man mich hetzt wie ein Tier!«

Es klopfte erneut. Wilde fuhr zusammen. »Nicht aufmachen! Ich flehe dich an, Willie!«

Der Bruder wandte sich an die Mutter. »Mummy –«

»Öffne diese Tür, William. Mein Oscar ist bereit, sich ihnen zu stellen.«

Willie gehorchte und trat erleichtert zurück. »Ach, du bist es, Robbie. Gott sei Dank.«

Aufatmend sank Oscar in einen Sessel.

Robbie war nicht allein. Er hatte unterwegs noch Ada Leverson abgeholt, die nun hinter ihm das Haus betrat. »Hättet ihr ihm nicht wenigstens den Mantel ausziehen können? Er ist durchnässt bis auf die Haut. Du gehörst ins Bett, Oscar.«

»Hier kann er nicht bleiben«, beeilte sich William zu sagen. »Täglich hängen draußen Presseleute herum. Manchmal ruft der Mob vor unserer Tür wüste Beschimpfungen.«

»Mein Sohn fürchtet sich nicht vor ihnen!« Speranza klopfte mit ihrem Gehstock auf die Stufe. »Er stellt sich dem Kampf, wie ein wahrer irischer Gentleman!«

Oscar starrte die alte Frau an, die er stets bewundert hatte, in ihrer Verbohrtheit aber nicht wiedererkannte.

Ada trat zu ihm. »Wir finden ein Bett für Ihren Sohn in meinem Haus, Lady Wilde.«

Als hätte sie gar nicht zugehört, machte sich die Mutter wieder auf den Weg nach oben. »Trink nicht zu viel, Oscar. Bleib nicht zu lange auf. Du brauchst Schlaf, wenn du den Kampf bestehen willst. Schlaf dich aus, mein Junge, schlaf ...« Ihre Worte gingen in ein Murmeln über. Ohne ihn noch einmal anzusehen, verschwand sie in ihrem Zimmer.

Ada, Oscar und Robbie wandten sich zum Ausgang.

Willie lief ihnen nach. »Versteht doch, wenn es nach mir ginge, könntest du bleiben. Aber Mutter ist ... Sie ist nicht mehr bei klarem Verstand. Sie könnte den Aufruhr nicht ertragen, der über unser Haus hereinbricht, wenn ... Ihr müsst das verstehen!«

Vor ihm fiel die Tür ins Schloss.

19

The Royal Courts of Justice

Aller Augen waren auf den Sprecher der Jury gerichtet.

»Schuldig«, sagte er laut und vernehmlich.

»Ruhe im Saal!«, rief der Gerichtsdiener, als Beifalls- und Unmutsbekundungen einsetzten. Einige Journalisten stahlen sich nach draußen, um den Urteilsspruch als Erste ihren Zeitungen zu melden.

»Ist dies der Urteilsspruch von Ihnen allen?«, fragte der Richter.

»Das ist er, Euer Ehren. Wir erklären Mr Oscar Wilde einstimmig für schuldig.«

Der Richter ordnete seine Perücke. »Oscar Fingal O'Flahertie Wills Wilde, das Verbrechen, dessen Sie bezichtigt werden, ist derart abstoßend, dass ich mir Zurückhaltung auferlegen muss, um Ausdrücke zu vermeiden, wie sie jedermann in Zusammenhang mit Ihrer Tat gern benützen würde, Gefühle der Abscheu, die sich in der Brust jedes Ehrenmannes regen, der die Einzelheiten dieses Prozesses mitanhören musste. Sie wurden überführt, Mr Wilde, der Verderber und Verführer mehrerer junger Männer gewesen zu sein, die Sie sich auf verbrecherische Weise unterwürfig gemacht haben. Unter diesen Umständen sehe ich mich gezwungen, die härteste Strafe zu verhängen, die das Gesetz mir erlaubt. Dennoch ist das Strafmaß nach meinem Rechtsempfinden immer noch unzureichend in einem Fall von solcher Widerlichkeit. Es ist der übelste Fall, den ich jemals verhandelt habe. Das Urteil des Gerichts lautet, Sie in das Gefängnis nach Reading zu überstellen, wo Sie Zwangsarbeit verrichten werden, und zwar für einen Zeitraum von zwei Jahren.«

Oscar nahm den Urteilsspruch kreidebleich, doch regungslos entgegen. Sir Edward hatte ihm dazu geraten. Jede Bemerkung von ihm würde in der Presse schonungslos ausgeschlachtet werden.

Während die Vollzugsbeamten Wilde ins Untergeschoss brachten, wo der Transport, der ihn ins Zuchthaus fahren würde, schon wartete, verließ der Richter den Saal. Der Gerichtsdiener verkündete: »Ich bitte die hier Anwesenden, sich zu erheben. Jedermann, der ein Anliegen an das königliche Schwurgericht oder die Gefängnisverwaltung zu haben glaubt, möge zum Zwecke der Rechtsprechung vortreten und dem hohen Gericht seine Achtung erweisen! Gott schütze die Königin!«

Nürnberg, Deutschland, zwei Monate später

Gestützt auf zwei Stöcke betrat Constance Holland das Haus am Stadtrand. Der kurze Weg, den sie zurücklegen musste, um die Post entgegenzunehmen, hatte mehrere Minuten in Anspruch genommen. Sie war kaum noch in der Lage, sich aufrecht zu halten, jeder Schritt bedeutete Schmerzen. Trotzdem ging sie an diesem schwülen Augusttag 1895 so rasch wie möglich in ihr Wohnzimmer zurück. Ein Blick aus dem Fenster versicherte ihr, dass die Jungen im Garten spielten und vor dem Essen wohl nicht mehr hereinkommen würden.

Nach Oscars Verurteilung hatte Constance auf Anraten der Familie ihren Nachnamen und den der Kinder in ›Holland‹ geändert und London verlassen. Sie lebten in Nürnberg, wo Cyril und Vyvyan eine englischsprachige Schule besuchten. Trotz des Hochsommers trug Constance ein mitternachtsblaues Samtkleid. Sorgfältig lehnte sie beide Stöcke an die Tischplatte; sollten sie umfallen, wäre Constance hilflos. Einmal war sie bereits gestürzt, was den Zustand ihrer Wirbelsäule noch verschlimmert hatte. Eine in der Schweiz durchgeführte Behandlung hatte keine Besserung ihrer chronischen Rückenprobleme gebracht. Auf die Fingerknöchel gestützt nahm sie mühsam Platz. Minutenlang starrte sie die Schrift auf dem Kuvert an. Mit dieser Schrift hatte ihr Weg ins Glück, aber auch in den Untergang begonnen. Sie öffnete den Brief.

›Constance, meine liebe, gute, schöne Frau!
Nichts, was ich Dir sagen oder schreiben könnte, wird den unermesslichen Schmerz tilgen, den ich Dir zugefügt habe. Für zwei lange Jahre muss ich mich nun in die Tretmühle einer Apparatur begeben, deren Sinn ich nicht verstehe. Ich und meine Mitgefangenen halten diese Maschine durch unsere Körperkraft in Gang, ohne zu wissen, welches Produkt am anderen Ende herauskommt. Ist es Maismehl, ist es gepresster Filz? In den nicht enden wollenden Stunden dieser Beschäftigung sterbe ich Tode der Scham und denke an kaum etwas anderes als die Schande, in die ich Dich gestürzt habe.
Constance, Du und meine Söhne, Ihr seid das Einzige, was mich noch mit dem Leben verbindet. Hätte ich nicht die Hoffnung, Euch eines Tages wiederzusehen, wäre mir ein

Weiterleben unmöglich. Dabei ist mein Verlangen nach Leben so stark wie immer, stärker noch, da sich jede Kraft in mir aufbäumt, um meinen jetzigen Zustand zu überwinden. Mein Herz ist gebrochen, geliebte Constance, doch Herzen sind dazu da, gebrochen zu werden. Nur darum hat Gott den Kummer in die Welt geschickt.

Wenn Du es noch erträgst, an mich zu denken und meinen Namen zu schreiben, dann schreibe mir bitte, liebe Constance. Tust Du es nicht, hätte ich Verständnis dafür. Lass mich Dir zum Abschied versichern, dass ich auf ewig der Deine sein werde,
Dein Dich liebender Oscar‹

Constance weinte nicht, sie klagte nicht. Cyril und Vyvyan erzählte sie nichts vom Brief ihres Vaters. Eine Kopie der Zeilen schickte sie nach London und fragte den Testamentsverwalter ihrer Familie um Rat, wie sie antworten sollte.

Mr Trimble war wegen dieses Briefes derart alarmiert, dass er persönlich den weiten Weg nach Nürnberg antrat und Constance ein Dokument vorlegte, das die Zustimmung zur Scheidung und die vollständige Abkehr von ihrem Ehemann zum Inhalt hatte.

»Als Vormund Ihrer beiden Söhne bin ich besorgt darüber, Constance, dass Sie nach einem einzigen Brief Ihres geächteten Mannes bereits erwägen, wieder in Kontakt mit ihm zu treten.« Trimble schob die Urkunde über den Tisch. »Bitte betrauen Sie mich mit dieser Angelegenheit und unterschreiben Sie, Constance.«

Auf ihre Stöcke gestützt ging sie zum Fenster und beobachtete die Jungen, die am Gartentisch Hausaufgaben machten.

»Eine Scheidung bedeutet, dass ich Oscar vollkommen allein in der Welt zurücklasse«, sagte sie nach langem Schweigen.

»Nach allem, was er Ihnen angetan hat, sind Sie um *seine* Einsamkeit besorgt, Constance? Was ist mit Ihrer Einsamkeit, mit der Tatsache, dass Sie schwer krank wurden und unter falschem Namen in einem fremden Land leben müssen? – Im Übrigen ist Oscar Wilde nicht allein: Seine Mutter lebt noch.«

Ohne zu antworten, setzte sich Constance auf die Fensterbank.

»Müssen wir nicht davon ausgehen, dass Mr Wilde nach seiner Entlassung unverzüglich sein altes Leben wieder aufnehmen wird?«, ergriff der Anwalt wieder das Wort. »Wäre er nicht erneut umringt von Individuen allerniedrigsten Charakters? Warum kümmern sich diese Leute nicht um ihn?«

»Weil er kein Geld mehr hat«, sagte sie nüchtern.

»Haben Sie sich selbst nicht damit die einzig richtige Antwort gegeben? Mr Wilde wird Geld brauchen. Da Ihre Familie vermögend ist, wird er seinem ersten Brief weitere folgen lassen und naturgemäß auf seine finanzielle Notlage zu sprechen kommen. Er ist Schriftsteller, Constance, ein Meister in der Manipulation mit Worten.«

Sie nickte. »Ich weiß. Ich weiß auch, wenn ich Kontakt zu ihm aufnehme, ihn möglicherweise im Gefängnis besuche, wäre ich imstande, ihm alles zu verzeihen.«

»Das darf nicht sein, Constance! Er hat Ihnen die Qual einer elfjährigen Ehe zugemutet, die nur aus Lügen und Betrug bestand. Wollen Sie das Glück Ihrer Kinder zum zweiten Mal aufs Spiel setzen?«

»Seine Söhne lieben ihn, Mr Trimble. Sie werden ihn immer lieben.« Kaum hörbar begann sie zu weinen.

»Cyril und Vyvyan dürfen ihren Vater unter keinen Umständen wiedersehen«, erwiderte Trimble kategorisch. »Sie haben das Unmögliche vollbracht, Constance, indem die Kinder von dem verachtenswerten Charakter ihres Vaters nichts mitbekommen haben. Durch Ihren Abschied von England gewährleisten Sie, dass die Söhne eines verurteilten Verbrechers in Glück und Freiheit aufwachsen können. Als Ihr Vertrauter rate ich Ihnen dringend, dies alles nicht durch neuerlichen Kontakt mit dem Strafgefangenen in Gefahr zu bringen.«

Langsam kehrte Constance an den Tisch zurück. »Ich kann dieses Papier nicht unterzeichnen, lieber Freund. Und ich habe vor, Oscars Brief zu beantworten.«

»Das ist falsch, Constance! Oscar Wilde muss Ihnen erst beweisen, dass die Gefängnisstrafe ihn verändern und läutern wird!«

»Ich stelle harte Bedingungen, was einen weiteren Kontakt zwischen ihm und mir betrifft.«

»Bedingungen?«, entgegnete Trimble hellhörig. »Was meinen Sie damit?«

»Eine Bedingung unter vielen ist: Oscar darf Bosie nicht wiedersehen. Niemals.«

Konsterniert legte der Verwalter das Dokument in seine Mappe zurück. »Das versteht sich doch von selbst. Lord Douglas war es, der das Unglück über Ihren Mann, über Sie und die Kinder gebracht hat. Nach meiner Meinung hätte er ebenfalls auf die Anklagebank gehört. Doch er hat sich geschickterweise während des Prozesses nach Italien abgesetzt. Wieso halten Sie es überhaupt für nötig, dieser abartigen Beziehung einen Riegel vorzuschieben?«

»Weil Oscar Bosie liebt. Im Augenblick hasst er ihn, weil er durch ihn so viel erleiden muss. Aber er sagte einmal zu mir: ›Leiden bedeutet nichts, solange die Liebe da ist.‹«

Constance begleitete Mr Trimble zur Tür. »Im Frühling plane ich eine Reise nach Genua, lieber Freund. Dort gibt es einen Chirurgen, der mir hoffentlich helfen kann.«

20

Her Majesty's Prison Reading

Die Zellentür schlug hinter Oscar Wilde zu.

Auf der Pritsche lagen zwei Decken. Der Kübel in der Ecke roch, als wäre er frisch desinfiziert worden. Das Fenster, ein erbärmlich kleines lichtes Viereck, befand sich in Kopfhöhe. Er hätte sich am Gitter hochziehen müssen, um nach draußen zu sehen. An die Wand gelehnt blieb er stehen. Er zog die Sträflingsjacke aus und legte sie als Kopfkissen auf den Strohsack. Er fror. Die Heizung war ein gerilltes Rohr, das aus der Decke kam und nach unten im Boden verschwand. Oscar deckte sich zu. Wenn er die Augen schloss, sah er das Gaslicht an der Decke wie eine verschwommene Sonne. Seine Handgelenke waren wund und brannten von den Handfesseln, die ihm angelegt wurden, wenn man ihn zur Arbeit brachte.

Die Maschine, die er täglich mit den anderen bediente, war ein riesiges Laufrad. Darin mussten sie auf Stufen nach oben steigen, dadurch drehte sich das Rad knirschend nach unten. Sie wurden zu zehnt nebeneinander eingesetzt. Nach drei Stunden ohne Pause kam die nächste Gruppe an die Reihe.

So müde er war, Oscar zwang sich, noch einmal von der Pritsche aufzustehen. Schlief er jetzt ein, würde er nachts kein Auge zu tun. Obwohl sein ganzer Körper schmerzte, begann er auf und ab zu gehen. Das war ihm zur Gewohnheit geworden, sechseinhalb Schritte in die eine Richtung, sechseinhalb zurück.

Das Bettgestell wanderte an ihm vorbei, der Fäkalieneimer, der winzige Tisch. Erst wenn die Beleuchtung ausgeschaltet wurde, würde er innehalten.

Am nächsten Morgen zog er sich am Fenstergitter hoch. Es war ein klarer, kühler Tag. Auf der gegenüberliegenden Galerie patrouillierte ein Beamter. Der Wachmann spuckte in weitem Bogen in den Hof und beugte sich über das Geländer, um zu sehen, wo es landete. Die gegenüberliegenden Zellenfenster waren zu dunkel, um zu erkennen, ob dort ebenfalls jemand hinter Gittern nach draußen schaute. Oscar ließ sich zu Boden sinken und setzte sich. Bald würden sie ihn holen, er musste seine Kräfte schonen.

Wie jeden Tag brachten sie ihn nach der Arbeit in die Zelle zurück. Er hörte, wie draußen die Prozession der Essensausgabe näherkam. Benommen vor Hunger stellte er sich mit seinem Geschirr an die Klappe. Der Wagen hielt vor seiner Tür, draußen plauderten die Wärter miteinander. Oscars Beine drohten zu versagen, in seinem Kopf drehte sich alles. Die Wärter lachten, sie hatten keine Eile, die Klappe zu öffnen. Er lehnte die Stirn an die Mauer. Der Geruch von Zwiebeln drang zu ihm herein.

Neulich hatte er mit einem Mithäftling gesprochen, einem klugen Mann, der wegen Diffamierung der Königin einsaß. Dieser hatte über das Phänomen von Tagträumen berichtet. Irgendwann erschien dem Häftling die Zeit in Gefangenschaft wie ein unüberwindlicher Horizont, über den er nicht mehr hinausblickte. Dazu kam Intoxikation durch die gekalkten Wände. Der Mann sagte, im ersten Jahr seiner Haft habe er bis zu sieben Stunden mit offenen Augen geträumt und dabei in der Zelle zwanzig Kilometer zurückgelegt.

Oscar fragte sich, wie sein Gehirn, seine Nerven, sein untrainierter Körper reagieren würden. Er hatte ältere Mithäftlinge beobachtet. Wenn ihr Körper der permanenten Anstrengung und den Schmerzen nicht mehr gewachsen war, erlosch jede Hoffnung. Sie verrichteten ihre Arbeit, doch sie existierten nicht mehr.

Krachend ging die Essensklappe auf und riss ihn aus seinen Gedanken. Suppe mit Zwiebeln und ein wenig Fleisch. Seine Hände zitterten, als er den Napf an den Tisch trug; er ärgerte sich, weil er etwas verschüttete. Nach dem Essen legte er sich auf die Pritsche. Kein Fußmarsch heute und keine Tagträume. Er konnte dieses Leben unmöglich zwei Jahre lang aushalten. Das Zeitgefühl kam ihm bereits jetzt abhanden, er wusste nicht mehr, wie viele Tage und Wochen er schon abgesessen hatte und wie viel noch vor ihm lag.

Von einem Moment zum nächsten wurde ihm übel. Er quälte sich von der Pritsche, würgend schaffte er es bis zum Eimer und fiel auf die Knie. In breitem Strahl erbrach er die Zwiebelsuppe. Die Schübe kamen mehrmals, dazwischen hörte er seinen erschöpften Atem an den Blechwänden des Kübels.

Tage später, wie viele, wusste er nicht, wurde die Sehnsucht nach einer Zigarette übermächtig. Rauchen galt als Privileg, das man sich durch gute Führung verdienen musste. Oscar klopfte gegen die Tür. Es dauerte eine Viertelstunde, bevor ein Wachmann öffnete.

»Ja?«

»Ich möchte Zigaretten kaufen«, sagte er höflich, doch nicht zu freundlich. Er war in Reading der ›warme Bruder‹, der es mit Männern trieb. Er durfte nicht um Zigaretten winseln.

»Haben Sie Geld?«, fragte der Wärter.

»Es wurde mir bei der Einlieferung abgenommen.«

»Dann müssen Sie eine Eingabe schreiben, dass Ihr Geld in Kupons umgetauscht wird.«

»Ich habe keinen Bleistift, um eine Eingabe zu schreiben«, entgegnete er.

»Einen Bleistift können Sie in der Kantine kaufen.«

»Das würde ich gerne tun, aber wie mache ich das ohne Geld?«

Krachend schlug die Klappe wieder zu.

Abends bekam er Schüttelfrost. Die Wunden an seinen Gelenken hatten sich entzündet. Außerdem schmerzte sein rechtes Ohr. Oscar tastete an die Stelle – von dem irrsinnigen Schmerz verlor er fast die Besinnung. Er wickelte sich in beide Decken, stundenlang lag er zitternd da. Seine Augen erforschten die Zellenwand gegenüber. An jeder Unebenheit hielt er sich eine Zeitlang auf und lernte die Landkarte dieser Wand auswendig.

Das Licht wurde gelöscht. Draußen hallten die letzten Schritte. Der Schmerz im Ohr schien durch das Liegen schlimmer zu werden. Taumelnd stand er auf und begann im Dunkeln auf und ab zu gehen. Das Viereck des Fensters, sechseinhalb Schritte, die Tür, sechseinhalb Schritte. Er fieberte nach einer Zigarette. In seinem Ohr pulste es, der Schüttelfrost überlief ihn in unregelmäßigen Schauern. Irgendwann brach er zusammen.

Beim Morgenappell verlangte er, dem Gefängnisarzt vorgeführt zu werden. Zwei Beamte holten ihn ab. Zu dritt bewegten sie sich eine Galerie entlang. Aus den Zellen drangen Geräusche. Hinter einer Tür wurde gesungen, hinter einer anderen geflucht. In einem Raum standen drei hohe Sessel, Maschinen hingen an langen Kabeln von der Wand. Während des Gerichtsverfahrens hatte Oscar mit schulterlangem Haar auf der Anklagebank gesessen. Das Haarescheren Oscar Wildes war eine Attraktion gewesen, sogar die Wachen hatten sich das Schauspiel angesehen. Unsanft hatte ein Wärter Oscar in den Stuhl gesetzt. Der Gefängnisfriseur nahm die Maschine, das Kabel schwankte auf und ab, holpernd und klackernd lief der Motor. Der Friseur setzte an Oscars Schläfe an und arbeitete sich von dort nach oben. Kleine Schädelwunden, die gerade zu heilen begonnen hatten, rissen wieder auf. Der Mann säbelte einfach darüber. Oscar zuckte und wand sich. Unter dem Gelächter der anderen drückte ein Wärter seine Schultern nach unten.

»Der macht ein Theater«, seufzte der Haarscherer.

Rechts und links schwebten Haarflocken zu Boden. Vor Oscar hing ein Tannenzweig mit Lametta, der von Weihnachten übriggeblieben war. Einen Spiegel gab es nicht. Als die grobe Arbeit getan war, hielt der Friseur ihm einen Handspiegel vor. Oscar starrte in seine übergroßen, angstgeweiteten Augen und auf den kahlen Schädel. Er sah aus wie jemand, den er niemals kennenlernen wollte. Die Wärter lachten und applaudierten dem Friseur. Da es in den Zellen kalt war, händigte man Oscar eine Stoffkappe aus, die er auch während der Arbeit tragen musste.

An diesem Morgen ging es am Haarscherer vorbei. Am Ende des Ganges tauchte eine Tür auf, die das Zeichen des Äskulapstabes trug. Ein Wachmann brachte Oscar hinein. Der Arzt trug den weißen Mantel über der Gefängnisuniform. Er rauchte. Gierig sog Oscar den Qualm ein. Mehrere Blechschüsseln voll blutiger Wattebäusche und Verbände standen da. Eine

Zeitung lag über den Instrumenten; Pinzetten, Spritzen, Skalpelle.

»Er hat Schmerzen am Ohr«, sagte der Wärter.

Der Arzt legte die Zigarette an den Tischrand und leuchtete in Oscars Ohr. »Ich muss erst den Schmodder rausmachen.«

»Das ist kein Schmodder, sondern – Blut!!« Das letzte Wort schrie er und krümmte sich vor Schmerz. Der Arzt hatte den Schorf abgerissen. »Ich habe Anspruch auf eine ordentliche Behandlung!«

Unbeeindruckt nahm der Doktor die Zigarette und zog daran. Mit der anderen Hand untersuchte er die Wunde. »Halb so schlimm.«

Oscar versuchte stillzuhalten. »Was ist es, Doktor?«

Der Arzt stand vor ihm. »Kann ich erst sagen, wenn der Bluterguss abgeschwollen ist.« Oscar roch den Nikotinatem. »Ich sehe es mir in ein paar Tagen noch mal an.«

Der Arzt tauchte einen Wattebausch in braune Lösung und tupfte damit gegen die Wunde. Oscar zog die Luft durch die Zähne.

»Stellen Sie sich nicht so an. Sie tun ja, als ob ich Ihnen ein Bein abnehme.«

»Haben Sie eine Zigarette für mich, Herr Doktor?«

Der Arzt warf einen fragenden Blick zum Wachbeamten.

Der zuckte die Schultern. »Von mir aus.«

»Nehmen Sie. Das Päckchen ist fast leer.« Zum Wächter sagte der Arzt: »Der Mann ist einen Tag arbeitsfrei gestellt.«

Oscar konnte es kaum erwarten, in die Zelle zu kommen. An der Tür bat er den Beamten um Feuer. Sekunden später saß er auf seiner Pritsche und rauchte mit zurückgelehntem Kopf. Er genoss das leise Anbrennen des Tabaks und hielt den Rauch lange in den Lungen. Ein heiteres Schwindelgefühl erfasste ihn, das bis Mittag anhielt.

21

Her Majesty's Prison Reading, drei Monate später

Die Rechte eines Häftlings mit Zwangsarbeit beinhalteten einmal täglich Hofgang, einmal wöchentlich Duschen, eine Fleischration nach besonders kräftezehrender Arbeit. Im Winter von Wildes erstem Gefängnisjahr setzte Sir Edward durch, dass dem Häftling Schreibmaterial zur Verfügung gestellt wurde. Es geschah mit dem Vermerk, dass die Gefängnisleitung die Schrifterzeugnisse jederzeit lesen konnte. Im Fall einer kritischen Betrachtung der Haftbedingungen würde dieses Privileg wieder einkassiert werden.

Eines Tages bekam er nach der Arbeit Feder, Tinte und Papier ausgehändigt. Weder die Kronjuwelen Britanniens noch irgendein ein Schatz der Erde hätten kostbarer für ihn sein können. Als heiliges Ritual legte er die Feder rechts neben das Papier, das Tintenfass stellte er mit etwas Abstand dahinter. Der wackelige Tisch wurde zum Altar, zum Zentrum seiner Welt. Er zögerte das Schreiben hinaus, um seine Vorfreude zu steigern. Er musste sich entscheiden, wie seine erste literarische Produktion nach Monaten aussehen sollte. Den Brief an Constance hatte er noch aus dem Untersuchungsgefängnis geschrieben. Eine Antwort war nie gekommen.

Er ging in der Zelle auf und ab, setzte sich, tauchte die Feder ein und begann.

Eine der vielen Lehren, die man dem Gefängnis verdankt, ist, dass die Dinge so sind, wie sie sind, und es auch in alle Zukunft bleiben werden. Es ist schwer zu sagen, was einem vorgestern, gestern oder heute zugestoßen ist. In diesem Sinn wird das Gefangensein zu einem sehr langen Augenblick: Für uns schreitet die Zeit nicht fort. Doch diese lähmende Unbeweglichkeit des Lebens ist bis ins kleinste Detail geregelt. Wir arbeiten, essen, wir beten oder knien wenigstens zum Gebet nieder, wir schlafen. Alles bewegt sich nach unabänderlichen Satzungen und Vorschriften. Diese Unbeweglichkeit lässt jeden Tag dem anderen gleichen. Ich kann die Tage daher nur in ihren wechselnden Stimmungen aufzeichnen. Für uns Häftlinge gibt es nur eine Jahreszeit. Draußen mag der Tag in blauen und goldenen Farben leuchten – das Licht, das zu uns durch die vergitterten Fenster hereinkriecht, ist grau und karg. In unserer Zelle herrscht Zwielicht, in unserem Herzen Mitternacht. In unserem Denken stockt jede Bewegung.

Während er den letzten Satz schrieb, öffnete sich die Tür, der Wärter trat ein. Unglaublich schnell war die Zeit vergangen. Er frohlockte: Endlich hatte er ein Mittel gefunden, der Unbeweglichkeit des Daseins zu entkommen, in die Fantasie, in eine Welt außerhalb der Wirklichkeit. Dieses Privileg durfte er um keinen Preis gefährden. Die Anstaltsregel verlangte, dass, sobald eine Amtsperson die Zelle betrat, der Häftling aufzustehen und die Arme hinter den Rücken zu legen hatte. Oscar sprang auf, militärisch stand er stramm. Der Beamte bündelte die beschriebenen Seiten, nahm wortlos Feder und Tinte an sich und ging. Oscar verharrte noch Sekunden in der Haltung, bevor er erleichtert auf den Stuhl sank. Wie leer und ereignislos der Abend, die Nacht auch vor ihm lagen, heute empfand er ein lange entbehrtes Glück. Er hatte *geschrieben*! Für wenige Stunden hatte er gelebt. Dieses Glück konnten sie ihm nicht mehr nehmen.

Am nächsten Tag aß er nach der Arbeit nicht seine ganze Ration auf, denn essen machte müde, und er wollte sein eigentliches, sein schreibendes Leben mit klarem Kopf fortsetzen. Der Wärter brachte ihm das Schreibzeug. Nachts hatte er überlegt, dass es seinen Stil lebendiger machen könnte, wenn er seine Betrachtungen an jemanden adressieren würde. Zuerst erwog er einen Brief an Robbie, verwarf den Gedanken aber wieder. Constance zu schreiben, machte keinen Sinn, solange sie ihm nicht antwortete.

Die Idee kam schleichend und verführerisch. Zuerst wollte er sie verwerfen, doch sie drängte sich ihm so lange auf, bis er keine weitere Schreibezeit vergeuden wollte. Er schrieb an Bosie. An den verhassten Lord Alfred Douglas wollte er schreiben, der irgendwo sein junges, sündiges Leben führte und Oscar vielleicht vergessen hatte. Trotz dieses Zwiespalts fühlte er das brennende Verlangen, Bosie seine Gedanken mitzuteilen.

›Glück, Wohlleben und Erfolg sind von rauer Oberfläche, aus grobem Stoff gewebt. Das Leid aber ist das Zarteste aller Gewebe. Das Leid ist eine Wunde, die zu bluten beginnt, wenn eine andere Hand als die der Liebe sie berührt. Vor dem Tag, an dem der Mensch begreift, was das ist, das Leiden, weiß er nichts vom Leben.

Andere als ich, die ins Gefängnis geworfen wurden, wenngleich ihnen auch die Schönheit des Daseins geraubt ist, sind vor den tückischen Schlingen und bittern Pfeilen der Welt sicher. Sie verbergen sich im Dunkel ihrer Zelle und machen aus ihrer Schande ein Heiligtum. Der Welt ist Genüge getan, die Welt geht weiter ihren Weg; man lässt sie ungestört leiden. Nicht so bei mir. Ein Leid nach dem anderen hat auf der Suche nach mir an die Gefängnistür geklopft, und man hat ihm die Tore geöffnet. Meinen Freunden ist es nicht gestattet, mich zu besuchen, aber meine Feinde haben in vollem Maß Zutritt zu mir. Als ich vor dem Konkursgericht erscheinen musste, sah ich sie alle wieder, ihre feixenden, bleckenden, kalten Gesichter.

Noch erbarmungsloser erfuhr ich das Leid, als ich öffentlich von einem Kerker zum andern transportiert wurde. Dieser erniedrigende Umstand, als ich gefesselt, mit Ketten an den Füßen und kahlgeschorenem Haupt zwischen zwei Polizisten auf den Zug nach Reading wartete, war der fürchterlichste von allen Ewigkeiten des Leides. Meine Feinde haben geschrien und gegeifert, haben mich angespuckt. Und die Polizisten unternahmen nichts zu meinem Schutz. Nie zuvor war ich so einsam, so ausgeschlossen von allem gewesen, was mich trösten oder meinen Schmerz hätte lindern können.

Als der Zug einfuhr, die Polizisten mich packten und auf den Bahnsteig zerrten, stand einer auf dem düsteren Perron, mit dem ich nicht gerechnet hatte. Zum Erstaunen der Menge, die ob dieser schlichten Handlung verstummte, zog Robbie, der Treueste von allen, seinen Hut vor mir, während ich in Handschellen, gesenkten Hauptes auf den Zug zustolperte. Menschen sind schon um kleinerer Dienste willen in den Himmel gekommen als diese Geste Robbies. Niemals kann ich ihm dafür genügend danken. In der Schatzkammer meines Herzens ist dieser Augenblick kostbar verwahrt. In Zeiten, wenn alle Klugheit mir wertlos, die Philosophie unfruchtbar und die Redensarten derer, die mich trösten wollen, wie Staub und Asche im Mund zerfallen, lässt die Erinnerung an diesen stummen Akt der Liebe für mich in der Wüste eine Rose erblühen.‹

Die Befreiung seines Geistes durch das Schreiben vermochte Oscars geschundenen Körper nicht zu heilen. Nie zuvor hatte er schwere körperliche Arbeit verrichtet. Trotz seiner Erschöpfung konnte er nachts nicht schlafen oder erwachte aus Angst vor dem kommenden Tag. Die Annahme, ein gepeinigter Mensch würde sich irgendwann an die Pein gewöhnen, war falsch. Schmerz und Agonie konnte man nicht trainieren.

Während er nachts wach lag, verursachte ihm jede Drehung auf der Pritsche Schmerzen. Doch das Stillliegen war genauso quälend. Er ertastete die Stellen an seinem Körper, von denen das Pochen ausging, er betastete auch die klumpenhafte Vergrößerung an seinem Ohr. Seine Augen waren verquollen, die Kinnlade, die Lippen gehorchten ihm nicht mehr. Meistens fiel er im Morgengrauen in fiebrigen Schlaf, aus dem ihn die Morgensirene Minuten später weckte.

Man brachte ihn erneut zum Anstaltsarzt, der das Ohr mit dem Blutschorf diesmal nicht anfasste. Er wusste nicht, welche Erkrankung dahintersteckte und wie sie zu behandeln sei. Da Oscar zu schwach geworden war, feste Nahrung zu sich zu nehmen, gab man ihm Brei und Wasser. Er wurde von der Arbeit freigestellt. Doch wer nicht arbeitete, sollte auch nicht schreiben. Papier und Feder wurden ihm vorenthalten. Nachts gab sich Wilde wirren Gedankenbildern hin. Er träumte Tagträume bei Nacht. Seine kämpferische Mutter erschien ihm. »Unsere Königin feiert diamantenes Thronjubiläum«, sagte sie.

»Früher hast du Victoria als Regentin abgelehnt«, antwortete Oscar.

»Wenn jemand seine Arbeit sechzig Jahre lang anständig gemacht hat, verlangt mir das Respekt ab.«

»Besuchst du die Feierlichkeiten, Mummy?«

»Nein. Sie wurden auf Wunsch des Kolonialministers um ein Jahr verschoben.«

»Warum?«

»Weil man das Spektakel als Fest des gesamten Empires ausrichten will. Dafür braucht es enorme Vorbereitungen.«

»Vielleicht bin ich dann schon wieder draußen und kann an der Zeremonie teilnehmen«, sinnierte Oscar.

»Du wirst nie wieder an einer Feier in England teilnehmen, mein Sohn. Du bist geächtet bis in alle Ewigkeit.«

22

HMP Reading

›Die Monate verstreichen. Der Nachweis über meine Führung und Arbeit hängt als Liste an der Zellentür. Dieser Zettel sagt mir, dass es Frühling geworden ist.

Meine Mutter ist gestorben. Nicht Ada oder Robbie haben mir die Nachricht übermittelt, sondern Constance. Meine Frau wollte es mir ersparen, dass ich den Todesfall von gleichgültigen Menschen erfahre, und ist trotz ihrer Krankheit nach England gereist, um mir die Botschaft zu überbringen. Während ihres Besuchs war sie gütig gegen mich. Sie teilte mir mit, dass Mutter in jener Nacht, als ich sie in meiner Fiebervision zu sehen glaubte, gestorben war. Von ihr und meinem Vater habe ich einen guten Namen geerbt, den ich nun auf ewig schände.

Wenig später ließ mir meine Frau durch ihren Anwalt einen schroffen Brief zukommen. Nach meiner Entlassung bietet sie mir eine Rente von vier Pfund pro Woche, verbunden mit der Bedingung, dass ich Bosie niemals wiedersehe. Mein Unterhalt ist an seine Abwesenheit aus meinem Leben gebunden. Dass Constance mir mit Armut droht, könnte ich ertragen, doch nun kündigt sie an, mir auf gesetzlichem Weg meine Kinder zu entziehen. Darf sich ein Gericht das Urteil anmaßen, mich für immer von meinen Söhnen zu trennen? Im Vergleich zu dieser Vorstellung ist die Schande, im Kerker zu sitzen, nichts! Ich beneide die Männer, die mit mir im Gefängnishof auf und ab marschieren. In der Freiheit warten Kinder auf sie, freuen sich auf ihre Heimkehr und werden lieb und gut zu ihnen sein.

So Schreckliches mir die Welt auch antut: Das Schrecklichste habe ich an mir selbst getan. Ich bin ein Repräsentant der Kultur meiner Zeit. Wenige Menschen nehmen eine solche Stellung schon zu Lebzeiten ein. Die Götter haben mir alles verliehen, ich besaß Genie, einen erlauchten Namen, hohe soziale Stellung, Ruhm, Glanz und intellektuellen Wagemut. Ich habe die Kunst zur Philosophie, die Philosophie zur Kunst gemacht, habe die Menschen anders denken gelehrt und den Dingen andere Farben gegeben. Drama, Roman, Gedicht, was ich auch berührte, hüllte ich in Schönheit. Ich behandelte die Kunst als Wirklichkeit und das Leben als Zweig der Dichtung. Ich erweckte die Fantasie meines Jahrhunderts!

Zugleich ließ ich mich aber in ein Leben sinnlosen, sinnlichen Wohlbehagens locken. Ich war Flaneur, war Dandy und umgab mich mit kleineren Naturen und geringeren Geistern als ich selbst. Ich wurde zum Verschwender meines eigenen Talents und fand Gefallen daran, ewiger Jugend zu huldigen. Als ich es überdrüssig wurde, auf des Lebens Höhen zu wandeln, stieg ich aus freien Stücken in die Tiefen. Was mir in der Sphäre des Denkens das Paradoxe war, wurde mir im Bereich der Leidenschaft zum Perversen. Die Begierde war Krankheit oder Wahnsinn oder beides. Ich kümmerte mich nicht mehr um das Leben anderer, vergnügte mich, wo es mir beliebte, und vergaß, dass jede noch so kleine Handlung den Charakter eines Menschen prägt und dass man das,

was man im geheimen Zimmer tut, eines Tages mit lauter Stimme vom Dach herunterrufen muss!
Ich verlor die Herrschaft über mich, war nicht mehr Steuermann meiner Seele und ließ mich vom Vergnügen knechten. Ich endete in Schande. Verzweiflung kam in mir zum Ausbruch, ein Wühlen im Jammer, ohnmächtige Wut, Bitterkeit und Verachtung. Heute bleibt mir nur die Demut. Heute sage ich: Jedes Leiden ist trüb, finster und beständig. Es hat das Wesen der Unendlichkeit.‹

HMP Reading, 19. Mai 1897

Erst öffneten sich die Eisengitter, dann die Tür, die in das große Tor eingelassen war. Ein Paket unter dem Arm tat Oscar Wilde in derselben Kleidung, mit der er inhaftiert worden war, die ersten Schritte in die Freiheit. Er verabschiedete sich von seinem Wärter.

»Leben Sie wohl, Mr Hastings.«

»Alles Gute, Sir.« Der Wachhabende schüttelte ihm die Hand.

»Leben Sie wohl, Mr Sythe.« Auch von dem zweiten Polizisten verabschiedete er sich mit Handschlag. Er trat über die Schwelle. Hinter ihm schloss sich die Tür. Er tat einen langen Atemzug der guten, feuchten, englischen Luft.

»Oscar –« Bewegt trat Robbie auf ihn zu.

»Wie reizend von dir, Robbie, zu dieser frühen Stunde zu kommen. Du kannst unmöglich schon aufgestanden sein. Ich vermute, du hast die Nacht durchgemacht.«

Sie umarmten einander. Robbie wies auf die wartende Droschke. »Wie wundervoll, dich wiederzusehen, Oscar.«

»Du bist ein schlechter Lügner: Mich in meinem jetzigen Zustand zu sehen, ist, als betrachte man das Bildnis des Dorian Gray in seiner letzten Erscheinungsform.«

»Ein paar Wochen an der See, ein paar Gläser Champagner, und du bist wieder der Alte.« Robbie hatte eine grüne Nelke in der Hand und steckte sie dem Freund ans Revers.

Oscar musterte ihn von Kopf bis Fuß. »Nur du besitzt den richtigen Geschmack, um zu wissen, welche Krawatte man früh um sieben Uhr trägt, wenn man einen Freund abholt, der lange fort war.«

»Ich wollte der Erste sein, der dich als freien Mann begrüßt.«

»Bin ich das – frei?«

Sie stiegen in die Droschke, das Pferd setzte sich in Bewegung. Oscar blickte durch das Rückfenster. Das Gefängnis Ihrer Majestät wurde kleiner und kleiner. Er lehnte sich zurück.

»Die Öffentlichkeit interessiert an einem berühmten Menschen immer das Letzte, was er getan hat. Sie würde mich nur als den miserablen Strafgefangenen sehen. Ich werde mich daher so lange nicht in London zeigen, bis ich etwas Neues geschrieben habe. Ein Theaterstück.«

»Wie freue ich mich, das zu hören, Oscar.«

»Für mein neues Leben habe ich auch einen neuen Namen gewählt, Robbie. Einen hübschen Namen, denn es soll ein hübsches Leben werden. Was hältst du von Sebastian Melmoth?«

»Sebastian ... Melmoth?« Robbie zögerte, einen Kommentar zu dem unsäglichen Pseudonym abzugeben. »Der Name hat ... einen gewissen Klang.«

»Nicht wahr? – Robbie, hast du Nachrichten, Briefe von Constance und den Kindern?«

»Nein. – Sie leben inzwischen in Genua, zusammen mit Constance' Bruder. Er wurde zum Vormund der Kinder eingesetzt.«

»Ich weiß.« Ein hoffnungsvolles Lächeln stahl sich in Oscars Gesicht. »Wenn ich erst mein Stück geschrieben habe, ein wahres Kunstwerk, wird auch die Zeit gekommen sein, sie alle wiederzusehen.«

»Ja, das ist … durchaus wahrscheinlich.« Robbie bemühte sich, seine Mutlosigkeit zu verbergen. »Da ich annahm, dass du im Gefängnis nicht frühstücken wolltest, habe ich Sandwiches mitgebracht und ein Fläschchen Brandy. Wie wäre es damit?«

»Wie lieb von dir, Robbie. Ein Sandwich gern. Ich glaube allerdings nicht, dass Sebastian Melmoth um sieben Uhr früh schon Brandy trinken würde.«

Robbie schraubte die Flasche wieder zu.

»Andererseits –« Oscar nahm sie an sich. »Gilt das nicht für Oscar Wilde.« Er nahm einen ordentlichen Schluck.

23

Auf der Fähre Dover-Dieppe

Wie unwirklich es sich anfühlte, in einer Eisenbahn zu sitzen, die nicht stampfte und rauchte, sondern mit leichtem Schwanken dahinschwamm. Die Passagiere hatten nicht einmal aussteigen müssen, während der Zug in Dover von der Schiene auf die Fähre umgesetzt worden war. Einige Minuten hatte es keine Beleuchtung gegeben, doch nun liefen die Schaffner wieder durch die Abteile und präsentierten die Menükarte.

Obwohl Oscar wenig Geld in der Tasche hatte, kreuzte er das Gericht an, das sich am exquisitesten von der Gefängniskost abzusetzen versprach, die Forelle. Vor dem Lunch ließ er einen Cognac kommen und trank ihn langsam, mit Genuss: Er spülte den Geschmack der Flucht hinunter – denn das war es, eine Flucht.

Beim Abschied hatte Robbie diese Reise einen ›Aufbruch‹ genannt, in Wahrheit wurde er gezwungen, ein Meer zwischen sich und das Land zu bringen, das er liebte. Ein Meer würde dafür nicht reichen; bei allem, was Oscar Wilde hinter sich ließ, musste er sich selbst doch immer mitnehmen. Er konnte seine Natur nicht wählen und würde sie weiterhin ausleben. Das Gefängnis hatte Oscar in die Knie gezwungen, nicht aber verwandelt. Und so fürchtete er sich am meisten vor sich selbst. Sebastian Melmoth fühlte sich belästigt durch seine eigene Gegenwart.

Er prostete sich zu: »Ich will sterben, wie ich gelebt habe: über meine Verhältnisse!«

Sein Glas war leer. Bis zum Lunch gab es wenig zu tun. Robbie hatte Oscar nichts zu lesen mitgebracht. Im Grunde las er nicht mehr gern, seit die Geschichten in Büchern mit der erlebten Wirklichkeit nicht mithalten konnten.

Als graublauer Streifen schwebte das Meer vorbei. Oscar zog an dem Lederriemen, der die Fensterscheibe herabgleiten ließ, und schmeckte den hellen, klaren Geruch der Nordsee. Draußen auf der Fähre tauchte plötzlich ein Gesicht auf. Die Frau trug ihren Hut schräg auf dem Kopf, was Oscar bei dem unfreundlichen Nieselwetter ziemlich kokett erschien. Im nächsten Augenblick war sie verschwunden. Oscar zog den Mantel über, setzte den Zylinder auf und öffnete die Zugtür. Vorsichtig kletterte er die Metallstufen nach unten, sie konnten feucht und glitschig sein.

Als über ihm die Tür zufiel, spürte er den glücklichen Prickel, von nun an wieder Türen öffnen und schließen zu dürfen, wie es ihm beliebte. Mitten auf dem Meer machte Wilde seinen ersten Ausflug in die Freiheit. Er konnte die Frau mit dem Hut nirgends entdecken, auch sonst nichts, was eben noch in seinem Blickfeld gewesen war. In Sekundenschnelle war Nebel eingefallen. Oscar fühlte sich in dem nieseligen Grau, umgeben von nasskalter Luft, überraschend wohl. Der Horizont war verschwunden, unter ihm brandete unsichtbar das Meer. In diesem leeren, ungegliederten Raum fehlte dem Sinn jedes Maß von Zeit, es war ein Dämmern im Ungemessenen.

Der Nebel umhüllte die scharfkantige Fähre, das Grau des Anstrichs verschwamm mit Luft und Himmel. Der Nebel verschluckte auch die kalte Sonne und die Möwen, die dicht über ihm schrien. Ein Mast erhob sich neben ihm, wie sonderbar, da das Schiff kein Segler war. Eine Windböe brachte Oscar für Momente aus dem Gleichgewicht. Das Rauschen der Wellen, durch die sich die Fähre kämpfte, war nah. Geisterschiff, dachte er und sah sich mit einem Mal als Knabe in sein Kinderzimmer zurückversetzt.

Das Heim, an das er die liebste Erinnerung hatte, war sein Elternhaus in Dublin, an den Ufern der Irischen See gelegen. In Dublin hatte es oft Nebel gegeben; Oscar liebte diese Tage, wenn man keinen Steinwurf weit sah. In dem wehenden Grau hatte er Feen und Zauberer entdeckt. Gott Poseidon und sein Gefolge tauchten aus den Fluten auf, der sagenumwobene rote Korsar versteckte seinen Goldschatz unter den Meeresklippen. Oscar hatte sich so vollkommen in seine Welt eingesponnen, dass er den algigen Atem der Spielgefährten seiner Fantasie roch und ihre triefenden Gewänder greifen konnte. Wo heute sein Vater unter einem schlichten Grabstein beerdigt lag, dort hatte Oscar schon als Kind unter den Weiden gesessen und darauf gewartet, dass Meerjungfrauen den Kopf aus dem Wasser hoben und mit ihren Schwestern einen Tanz aufführten. Oft war er so lange am Meer geblieben, bis ihn jemand vom Personal im Nebel fand und ins Haus brachte. Fast immer war es Louise, sein französisches Kindermädchen, gewesen.

In dieser Kindheitserinnerung fand Oscar die Verbindung, die ihm zu der geheimnisvollen Frau im Nebel gefehlt hatte. Louises Gesicht war ihm erschienen. Oscars Vater William hatte als renommierter Augen- und Ohrenarzt ein großes Haus geführt, Oscars Mutter als Übersetzerin gearbeitet. Die Familie beschäftigte Stallburschen, Köchinnen, einen Butler und eben

Louise, die sich auch um Bruder Willie und Schwester Isola kümmerte.

Diese Louise war Oscars erste frivole Liebe gewesen, die den Achtjährigen beim Versuch, sie zu küssen, in seine Schranken wies, aber nicht auslachte. Später ließ sich Louise mit dem Kutscher ein und wurde schwanger. Angestellte mit eigenen Kindern wurden grundsätzlich gekündigt. Louise war darauf aus Irland fortgezogen; Oscar hatte nichts mehr von ihr gehört.

Er selbst wurde dieses Jahr dreiundvierzig. Louise musste zehn Jahre älter sein, das Gesicht im Nebel konnte also keinesfalls ihr Gesicht sein. Umso faszinierender war der Vorfall. Oscar zog den Mantel vor der Brust zusammen; hochblickend merkte er, dass aus dem Nieseln Regen geworden war. Bei seiner angeschlagenen Gesundheit wäre es vernünftiger, in den beheizten Zug zurückzukehren, doch Oscar spürte Lust, länger in dem Zauberreich umherzustreifen, das sich seinen Blicken entzog.

Plötzlich erklang ein uriger Schrei, der blökende Ruf eines Wasserwesens, nein, es war das Signalhorn, mit dem die Fähre Schiffe im Nebel auf sich aufmerksam machte. Oscar entdeckte, dass noch andere Menschen an der Reling standen, schattenhaft sonderbare Gestalten, die in das formlose Grau rundum starrten. Während er hinter diesen Leuten ein paar vorsichtige Schritte tat, stieß er plötzlich auf jene Frau. Nicht ihr Gesicht erkannte er, sondern den runden Hut.

»Louise«, sagte Oscar unüberlegt.

Nun, da er ihr gegenüberstand, kam sie ihm jünger vor als vorhin. Sie hatte das rostbraune Haar zum Zopf geflochten, der ihr lang auf den Rücken fiel. Unter dem Boater tauchten Stirnfransen auf. Die Augen waren hell und die Lippen rot; unwillkürlich musste er an das Lied ›Fille aux lèvres rouges‹ denken, an das Mädchen mit den roten Lippen, dessen Blick so blau wie die See war. Als er damals in Paris *Salome* geschrieben hatte, war dieses Lied überall auf den Straßen zu hören gewesen.

Er entschuldigte sich. »Verzeihen Sie, Miss, ich habe …«

»Oscar Wilde«, unterbrach ihn die junge Frau.

»Sie kennen mich?«, stammelte er überrascht.

Die Frage entlockte ihr ein Lachen. »Seit meiner frühen Kindheit. Meine Mutter hat mir Ihr Märchen vom glücklichen Prinzen vorgelesen, als ich noch in der Krippe lag.«

Jetzt erst nahm er wahr, dass die Frau Französisch mit ihm sprach. Seit seiner Inhaftierung hatte er kein französisches Wort gehört oder gesprochen, und doch flog es ihm zu wie eine zweite Muttersprache. Die Frau im Nebel hatte einen Akzent, der ihm nicht geläufig war. Es beglückte ihn, mit der Unbekannten in ihrer wunderschönen Sprache musizieren zu dürfen.

»Reisen Sie im Salonwagen?«, fragte sie.

»Nein, ich habe eine gewöhnliche Passage.«

»Ich auch. In meinem Abteil sitzen die Leute dicht gedrängt, da wollte ich lieber an Deck.«

»Bitte helfen Sie mir«, sagte Oscar, während sich jemand vom Schiffspersonal näherte. »Sie haben mich erkannt, aber auch ich hatte den Eindruck, dass wir uns schon einmal begegnet sein müssen.«

»Ja, ich kenne Sie, Monsieur Wilde.«

»Woher?« Um den Uniformierten vorbeizulassen, trat Oscar dicht an die junge Frau heran.

»Ich habe alles von Ihnen gelesen, wirklich alles. Wenn irgendwo ein Gedicht, ein neuer Artikel von Ihnen erschien, habe ich ihn mir schicken lassen. Natürlich kenne ich auch Ihren *Dorian Gray* und ...«

»Belästigt dieser Mann Sie, Miss?«, fragte der Maat in blauer Jacke mit Rangabzeichen an den Aufschlägen.

Oscar fuhr zusammen. Da war sie, die Frage, die er sich im Gefängnis oft ausgemalt hatte. Jeder, der Oscar Wilde und sein Schicksal kannte, würde sie stellen: ›Belästigt Sie dieser Mann?‹

Der Maat hatte die Frage auf Englisch gestellt. Die junge Frau antwortete fließend. »Im Gegenteil, wir sind alte Freunde.«

»Dann entschuldigen Sie bitte, Sir.« Der Maat legte die Hand an den Mützenschirm. »Manchmal kommt es vor, dass Herren den dichten Nebel ausnützen, um ...«

»Schon gut.« Oscar wartete, bis er weitergegangen war. »Sie haben gesagt, dass wir Freunde sind, Mademoiselle. Darum müssen Sie mir nun weiterhelfen. Ich bin überzeugt, dass wir einander nicht zum ersten Mal begegnen.« Er machte eine übertriebene Verbeugung. »Mein Name ist also Oscar Fingal O'Flahertie Wills Wilde, geboren in Dublin, derzeit auf dem Weg nach Paris. Darf ich fragen, mit wem ich das Vergnügen habe?«

Sie spielte das Spiel mit. »Sie sehen vor sich Mademoiselle Florence Delamare. Mein Heimatort ist Le Havre, und dort will ich auch hin.«

»Delamare ... Delamare?«, wiederholte er, als sei es ein Lied, zu dem ihm der Text nicht einfiel. »In Irland hatte ich vor vielen Jahren ein Kindermädchen, aber ich erinnere mich nicht mehr an ihren Nachnamen.«

Selbst im Nebel erkannte er, dass ihr Gesicht einen heiteren Glanz bekam. »Sie glauben, ich könnte Ihr Kindermädchen sein?«

»Natürlich nicht. Aber die Ähnlichkeit ...«

»Wie hieß Ihr Kindermädchen mit Vornamen?«

»Louise.«

»Meine Mutter, falls Sie das denken sollten, hieß Claudine.«

»Ich verstehe.« Eine unerklärliche Traurigkeit überfiel ihn, weil ihm das Schicksal das Geschenk verwehrte, jemanden wiederzutreffen, den er einmal geliebt hatte. Er war allein, das konnte er sich nicht deutlich genug vor Augen führen, er war vollkommen allein, hatte niemanden auf der Welt. Seine Frau, seine Kinder waren ihm für immer entrückt. Seine Freunde mieden ihn, seine Liebhaber bedauerten ihn. Er reiste in eine Stadt, die ihm einmal gehuldigt hatte, als er auf den Wolken des Erfolgs schwebte. Nun kehrte er mit nichts in der Tasche dorthin zurück, verfemt, gedemütigt, ohne Idee, welches *bedeutende Werk* er in Paris schreiben sollte. In dieser Situation hatte er gehofft, eine Gottheit schicke ihm eine Trösterin an seine Seite. Doch die Frau mit Hut war nur eine Unbekannte, die jemandem ähnelte, allerdings eine Unbekannte, die seine Werke gelesen hatte.

»Was werden Sie in Le Havre tun, Florence Delamare?«

»Ich fahre zu meinen Brüdern.«

»Eine Familienfeier?«

»Leider nein. Meine Brüder haben Probleme mit dem Gesetz bekommen. Unsere Eltern sind tot. Jean-Louis und der kleine Georges waren unvorsichtig…«

Da ein Platz an der Reling frei wurde, bot Oscar ihr an, die paar Schritte dorthin zu machen. »Ich weiß, wie hartnäckig das Gesetz einem im Nacken sitzen kann, wenn man unvorsichtig war. Wie wollen Sie Ihren Brüdern helfen?«

»Sobald die Sache geklärt ist, will ich ihnen Arbeit beschaffen, am besten in Paris.«

»Dann sehen wir uns möglicherweise nicht zum letzten Mal, Florence.«

»Sie haben doch gewiss viele Freunde, die Sie in Paris willkommen heißen werden, Monsieur Wilde.«

Versonnen nahm er den Zylinder ab und hob das Gesicht in den Regen. »Nicht einen einzigen.«

Das Schiff hob und senkte sich, die Wellen zischten, der Nebel lichtete sich ein wenig.

»Ist es wegen des Gefängnisses, Monsieur? Weil man Sie …«

Er fuhr sich über die nasse Stirn. »Im Grunde geht es mir ähnlich wie Ihren Brüdern, Florence. Auch ich suche so etwas wie ›Arbeit‹ in Paris.«

Für Sekunden riss der Himmel auf. Das Wasser unter ihnen schimmerte violett. Die Wellen kräuselten sich und glitzerten. Nach wenigen Augenblicken war es wieder vorbei.

»Wir sollten uns wiedersehen, Florence. Ich weiß noch nicht, wo ich wohnen werde, aber eines weiß ich gewiss: Ich komme abends ins Élysée. Kennen Sie das Café Élysée, Mademoiselle Florence?«

»Ich werde es finden, Monsieur Wilde.«

24

*Paris, Café Élysée,
vier Monate später*

»Und Gott sprach zu seinem Engel, er möge über die Stadt fliegen und das Leid von Männern und Frauen beobachten, denn kein Geheimnis ist größer als das Leiden der Menschen«, sagte Sebastian Melmoth. »Und der Engel flog über die Stadt und sah all die Herrlichkeit und den Schrecken des Lebens.«

Während Oscar seinen zweiten Absinth serviert bekam, den er sich mit Geschichtenerzählen finanzierte, erreichte eine Gruppe junger Offiziere das Café. Sie gehörten zur Artillerie de la Garde Civique und hatten alberne Federbüsche auf ihren Kappen, die bei jeder Bewegung wippten. Auch die roten Epauletten kamen ihm übertrieben vor, aber die kurzen Frackschöße brachten ihre Hinterteile zur Geltung.

»Jetzt ist die beste Zeit fürs Élysée«, sagte der Ranghöchste. »Wenn kurz vor Mitternacht die Infanterie eintrudelt, wird es eng auf den Canapés. Ich habe einmal acht Soldaten auf einem Sofa erlebt.« Sein meckerndes Lachen verwandelte sich in einen Ausdruck der Freude. »Ah, *bonsoir*, Monsieur Melmoth. Wie schön, Sie wieder hier zu sehen.«

»Die Freude ist meinerseits, mon Général«, entgegnete Oscar, obwohl der Mann nur den Rang eines Lieutenants innehatte.

Oscar genoss das Flair des Élysée; die halbe Armee kam hierher, um sich mit den Mädchen zu amüsieren. Und Sebastian Melmoth hatte Freude an den Soldaten.

»Gibt es heute Ballett?«, fragte der Lieutenant und warf einen Blick durch die geöffnete Tür des Etablissements.

»Ich fürchte, nein. Aber Sie haben gerade die Gesangskünste einer orientalischen Schönheit verpasst.«

»Für Gesangskünste sind wir nicht her.« Der Lieutenant zwirbelte seinen Schnurrbart. »Wir kommen allenfalls, um die Engel singen zu hören!«

Seine Kameraden lachten.

Oscar schmunzelte. »Viel Vergnügen!«

Während die Soldaten hineingingen, kippte er den Absinth hinunter. Er saß schon zu lange im Freien, die Pariser Herbstluft tat ihm nicht gut. Den Hut in die Stirn gedrückt, stand er auf.

»Wo wollen Sie hin, Monsieur Melmoth?«, rief ein Junge aus der Zuhörerschaft. »Wir haben Ihnen Absinth spendiert und wollen die Geschichte zu Ende hören!«

»Recht hast du, Jean-Louis, das bin ich euch schuldig.« Er nahm wieder Platz und überlegte. »Der Engel Gottes flog also über die Stadt und sah all die Herrlichkeit und den Schrecken des Lebens. Er sah die Reichen, die es sich in ihren eleganten Häusern wohlergehen ließen und in den Cafés prassten, während Kinder mit hohlen Gesichtern auf den Straßen hungerten und froren, denn es war kalt und es regnete bei Tag und Nacht.«

Der ältere Junge stieß seinen kleineren Bruder an. »Das bist du, das hungernde Kind.«

Der Kleine machte eine erbarmungswürdige Miene und zog die Wangen nach innen, um verhungert auszusehen.

»Ausgezeichnet, Ernst«, lobte Oscar. »Doch diese Kinder waren nicht die Einzigen im Elend, die der Engel sah. Er sah auch einen gebrochenen Mann, der verwelkte Blumen in der Hand hielt.« Oscar präsentierte das Sträußchen, das er zuvor von der Blumenverkäuferin geschenkt bekommen hatte. »Früher war dieser Mann ein Schriftsteller gewesen, doch inzwischen fror er zu sehr, um sein Werk fortzusetzen. Und weil dieser Dichter so erbärmlich fror …« Oscar stand zum zweiten Mal auf. »Ging er hinein in das helle, bequeme Etablissement, wo den Mädchen so warm war, dass sie nicht mehr anhatten als ihre Unterwäsche.«

Seine Zuhörerschaft lachte und wandte sich wieder ihren Gesprächen zu. Die beiden Jungen folgten Oscar.

»Meine liebe Madame.« Er begrüßte die Empfangsdame.

Sie trug ein blauseidenes Kleid, das ihre Körperfülle umspielte. In ihrer Hand bauschte sich ein Spitzentaschentuch, mit dem sie sich gegen die Stirn trommelte.

Oscar wies auf seine Gefolgschaft. »Ich bin heute zu dritt, Madame.«

»Er darf rein.« Sie zeigte auf Jean-Louis. »Aber keine Kinder, Oscar. Das geht nicht.«

»Verehrte Madame, das ist kein Kind«, entgegnete er entrüstet. »Mein Freund Ernst ist ein Zwerg. Größer als heute wird er niemals werden.«

»Na schön, hinein mit euch dreien«, seufzte die Madame.

Oscar und seine Freunde betraten den Empfangsraum, wo Chaiselongues locker verteilt standen, ein Kronleuchter hing in verrauchter Höhe. Sie steuerten auf den Salon zu, wo sich auch die Bar befand. Das Publikum war gemischt, man sah viel Militär, auch Zivilisten im Frack aus den Botschaften auf der anderen Seite der Seine. Im Élysée führten die Soldaten ihre Ehrenbezeugungen vor den Offizieren lässig und nebenbei aus.

Der Kellner erkannte Wilde und führte ihn an einen Tisch. Kameradschaftlich winkte Oscar den Soldaten zu. Auf der Bühne führten die Tänzerinnen eine Tierszene auf. Sie trugen Schaf- und Löwenmasken, sonst allerdings nur wenig. Das dreiköpfige Orchester spielte eine pastorale Weise. Oscar bestellte Absinth, Jean-Louis schloss sich an.

»Ein Bier«, rief Ernst keck.

Der Kellner warf Oscar einen fragenden Blick zu.

»Ein kleines Bier, Bruno.«

»Bitte sehr, Monsieur Melmoth.«

Die Varieténummer endete mit der Vereinigung von Schaf und Löwe. Ohne Verbeugung verschwanden die Mädchen. Die Musik spielte einen Marsch. Der Pianist stand auf und gab bekannt, man werde nun lebende Akt-Plastiken darbieten.

»Darauf brauche ich einen Absinth.« Oscar nahm sein Glas entgegen.

»Was sind Akt-Plastiken?«, fragte der Kleine.

»Mein lieber Ernst, du bekommst hier Kultur auf allerhöchstem Niveau geboten.«

Die Brüder steckten die Köpfe zusammen. »Warum vergisst er immer, dass ich Georges heiße?«, fragte der Kleine. »Wieso nennt er mich Ernst?«

»Er hat einmal ein Theaterstück geschrieben, bei dem ein Mann namens Ernst wichtig war. Lass ihm das Vergnügen, solange er uns mitnimmt.«

Wildes Schiffsbekanntschaft Florence Delamare hatte ihre Brüder tatsächlich nach Paris gebracht, wo sie zu dritt in einem Zimmer lebten. Da Florence als Gouvernante bei einer reichen

Familie arbeitete, musste sie nachts auf deren Kinder aufpassen und hatte ihn gebeten, ob er in den Abendstunden ein Auge auf ihre Brüder haben könnte. Die Aufgabe erfüllte ihn mit Freude und Pflichtgefühl. Er, dem die Kinder genommen worden waren, hatte nun zwei Schutzbefohlene. Diesem Arrangement war ein klärendes Gespräch mit Florence vorausgegangen.

»Monsieur Wilde, Sie wissen, wie sehr ich Sie verehre. Trotzdem muss ich Ihnen eine Frage stellen.«

»Ich kenne Ihre Frage und werde sie wahrheitsgemäß beantworten.« Nebeneinander liefen sie über den Boulevard St. Michel.

»Ich habe die Berichte über Ihren Prozess gelesen, Monsieur. Es ist schrecklich, was man Ihnen in England angetan hat.«

»Danke für Ihre Anteilnahme, doch das ist nicht Ihre Frage, nicht wahr? Ihre Brüder sind zwei hübsche Burschen, und ich bin ein Mann, der Gefallen an hübschen Burschen findet. Deshalb befürchten Sie ...«

»Befürchtung ist ein zu großes Wort, Monsieur. Ich habe nur überlegt ...«

»Die Antwort ist einfach. Ich habe selbst zwei Söhne. Der ältere, Cyril, ist ungefähr im Alter Ihres Bruders Georges. Sollten Sie mir Ihre Brüder anvertrauen, liebe Florence, wäre es, als ob ich auf meine eigenen Jungen aufpasste.«

Und so war es zur Gewohnheit geworden, dass Jean-Louis und ›Ernst‹ ihn auf seinen abendlichen Gängen begleiteten und seinen Erzählungen lauschten. Wenn er durch das Geschichtenerzählen zu viele Gläser Absinth erwirtschaftet hatte, brachten sie ihn ins Bett. In diesem Zustand wäre ihm der Aufstieg in die Mansarde seines Hotels allein nicht mehr möglich gewesen.

Auf der Bühne stellten vier junge Frauen die Akt-Plastik ›Die Brücke ins Glück‹ dar. Ein Prinz schritt über diese Brücke und wurde von ihnen durch kleine Tanzeinlagen beglückt.

Der Lieutenant am Nebentisch kippte einen Calvados. »So eine Märchenstunde lasse ich mir gefallen!«

Die Brücke ins Glück verschwand. Von einem Geigensolo untermalt, nahm die nächste Plastik Aufstellung. Drei Frauen verkörperten ›Das Urteil des Paris‹. Als griechische Gottheiten posierten sie, Hera mit roter Toga, Artemis bedeckte ihre Blöße mit einem Feigenblatt, Pallas Athene trug Helm und Panzer. Alle drei streckten die Arme nach dem goldenen Apfel aus.

»Genug von dem Kunstgenuss!« Der Lieutenant sprang auf. »Ich lasse mir jetzt meine eigenen Göttinnen kommen.« Er und die anderen liefen in Richtung Empfangssalon.

Der goldgeschminkte Paris war im Begriff gewesen, Aphrodite den Apfel zu reichen, doch die Unruhe vor der Bühne irritierte ihn. Der Apfel fiel zu Boden und rollte unter Oscars Tisch. Die Göttinnen kicherten. Mit Grandezza nahm Sebastian Melmoth den Apfel auf und erhob sich.

»Verehrter Paris, Sie haben eine kluge Wahl getroffen, mir den Apfel zu schenken. Mit den drei Damen hätten Sie doch nur Ärger gekriegt. Ein erfahrener Mann wie ich kann Ihnen besser zu Diensten sein.« Er küsste den Apfel und reichte ihn dem verdutzten Darsteller zurück. Das Publikum brach in Gelächter aus und applaudierte, der Goldene verschwand hinter die Bühne, die Göttinnen winkten Oscar zu und folgten ihm.

»Nun habe ich Sie um diesen göttlichen Spaß gebracht!«, rief Oscar in die Runde. »Wie kann ich es wiedergutmachen?«

»Alles, nur nicht ausziehen!«, rief einer.

»Kennen die Herrschaften das schöne Lied ›*La fille aux lèvres rouges*‹?«

»Wer kennt es nicht?«

Als sei es das Natürlichste auf der Welt, erklomm Oscar die Bühne. »Herr Kapellmeister«, forderte er den Pianisten auf. »Nicht zu hoch, wenn ich bitten darf, meine Stimme ist heute etwas belegt.«

Unter ihm johlten und klatschten sie und wussten gar nicht, wie glücklich sie den armen Teufel, den Geächteten im Exil, den Dichter ohne Publikum in diesem Augenblick machten. Oscar Wilde stellte sich in Positur. Hinter der Bühne tauchten die Gesichter der Göttinnen auf, sie hörten zu.

»Dort drunten in der Au«, sang er mit verklärtem Ausdruck.

»Da fließt ein Bächlein blau.

Dort steht ein einsam' Haus,

sieht ein Mädel heraus.

Die Lippen rot wie Blut

und küssen kann sie gut.

Die Augen sind himmelblau,

vom Mädchen aus der Au!«

Als er sich verneigte, umbrandete ihn solcher Applaus, dass Oscar sich zurückversetzt fühlte auf die Bühne des St James's Theatre. Alles sah er wieder vor sich, die Hunderte elegant gekleideter Menschen, die Damen in kostbaren Roben, behängt mit teurem Schmuck, die Herren mit weißer Hemdbrust, Uhrketten und diamantenen Manschettenknöpfen, die Schauspielerinnen mit dick aufgetragener Schminke und Diademen aus Strass. Er selbst im makellosen Frack, die grüne Nelke im Knopfloch, trat vor sie alle hin und hielt nach der Premiere eines Erfolgsstücks eine Rede. So innig erfüllte ihn das Bild von früher, dass er im Café Élysée, diesem Haus von zweifelhaftem Ruf, den Applaus huldvoll abwinkte und zu sprechen begann.

»Königliche Hoheiten, Prinzessin, Euer Ehren, Lord Gewandmeister, Ladys und Gentlemen. Ich darf Ihnen nicht verschweigen, dass ich die heutige Darbietung exquisit fand und sie, so wie Sie, genossen habe.«

Einige lachten, andere sahen sich irritiert an.

»Die Schauspieler haben uns eine gelungene Version meines Stückes geboten. Ihre Anerkennung jedoch, meine Damen und Herren, weist Sie als ungemein intelligente, feinnervige Theaterbesucher aus. Ich gratuliere Ihnen zu Ihrem vorzüglichen Geschmack! Denn wovon handelt mein Stück? Von Männern, die heiraten, weil sie müde vom Umherstreifen sind, und von Frauen, die heiraten, weil sie neugierig sind. Und beide Parteien werden enttäuscht.«

Es war still geworden. Verständnislos starrten sie den Kauz auf der Bühne an. Einer rief: »Hör auf zu quasseln! Wir sind nicht wegen Stimmbändern hier, sondern um Strumpfbänder zu sehen!«

Der Pianist gab den Musikern den Einsatz, sie spielten Offenbach. Die Mädchen kamen hervor und tanzten einen Cancan. Der verwirrte Dichter wurde förmlich von der Bühne gedrängt. Hätten Jean-Louis und Georges ihn nicht aufgefangen, es hätte schlimm für ihn ausgehen können.

»Komm, Oscar«, sagte Jean-Louis. »Lass uns gehen.«

»Wieso?«, murmelte er. »Ich möchte noch mit den Soldaten plaudern.«

»Ein andermal.«

Auch Georges hakte ihn unter. Als sie in den Empfangssalon traten, drängten dort Mädchen aus mehreren Türen. Die

Madame klatschte zur Eile. Der Lieutenant und seine Kameraden erwarteten alle auf dem Sofa. Da war eine Lange in blauer Tunika, eine Zweite hob ihr Röckchen und zeigte die Hinteransicht. Ein Mädchen im grünen Hemd hatte scharf geschnittene Schulterblätter. Immer neue kamen hinzu, mit langen Gesichtern vom unterdrückten Gähnen. Das Rascheln von Seide, das Ächzen der Sandaletten, ihr Lächeln wirkte wie mit Spucke aufgemalt.

Wilde beobachtete das Defilee zwischen seinen beiden Aufpassern. »Ach ja, das Leben hat viel zu bieten«, seufzte er.

Die Madame machte den Lieutenant auf einen vollschlanken Engel aufmerksam. »Kennen Sie schon Flora, ein Neuzugang aus der Gascogne?«

»Ach nein. Lieber die dort hinten links, die mit dem vulgären Mund. Wir hatten schon mal das Vergnügen.«

»Hausmannskost, Général! Eine kluge Wahl«, rief Oscar, während die Jungen ihn zur Tür brachten.

25

Café Élysée

Robbie war heute in Paris angekommen. Der unverbesserlich treue Freund hatte nicht nur Neuigkeiten aus London gebracht, sondern auch ein schmales Bündel Pfundnoten. Nie würde Oscar den Ausdruck in Robbies Gesicht vergessen, als dieser ihn nach langem wiedersah. Der gute Junge beherrschte die Kunst der Schmeichelei nicht, starrte Oscar verzweifelt an und ließ sofort einen Arzt kommen.

Während sie den Doktor in die Mansarde hochkeuchen hörten, fragte Robbie: »Hast du schon etwas gegessen, Oscar?«

»Essen gehört seit längerem nicht mehr zu meinen täglichen Gepflogenheiten.«

»Im Hotel erzählt man sich, dass du unter die Varieté-Künstler gegangen bist. Du trittst öffentlich auf?«

»Ich singe ab und zu im Élysée, es ist allerdings schwierig, bei meinen derzeitigen Lebensumständen einen großen Auftritt hinzulegen.«

Wilde kannte den Arzt bereits, der nach kurzer Untersuchung von Oscars Ohr eine Injektion vorbereitete.

»Herr Doktor, letzte Nacht habe ich geträumt, ich hätte mit den Toten zu Abend gegessen.«

Der Arzt zog den Gummischlauch um den Arm seines Patienten fest. »Wenn Sie so weitermachen, werden Sie bei diesem Dinner bald einen Stammplatz einnehmen, Monsieur Melmoth.« Er nahm die Spritze zur Hand.

»Was ist das?«

»Morphium.«

»Sie verwöhnen mich, Doktor. Hat Robbie Ihnen gesagt, dass ich vollkommen mittellos bin?«

»Die Bezahlung ist geregelt, Monsieur Melmoth.«

Oscar hob den Kopf. »Danke, Robbie. Zwei Tage lang bin ich ohne einen einzigen Penny in der Tasche durch Paris geirrt. Ich konnte meine kleinen Geschichten nicht wie sonst an den Mann bringen, also gab es auch keinen Absinth.«

»Schickt Constance dir deinen Unterhalt nicht mehr?«

»Doch, das Geld kommt pünktlich. Aber Paris ist teuer. Mit vier Pfund komme ich nicht über die Runden.«

Tatsächlich traf Constance' Unterstützung wöchentlich ein. Damit wollte sie verhindern, dass Oscar größere Summen sofort in ›purpurne Momente‹ verwandelte, wie er es nannte. Heroin war in diese Tagen beliebt in Paris, man lutschte es, auf einen Wattebausch geträufelt. Oft hatte sich sein Geld schon am ersten Abend in Luft aufgelöst. Die restliche Zeit der Woche führte er das Leben eines umherirrenden Bettlers.

Robbie trat an sein Bett. »Ich habe die Hotelrechnung bezahlt. Wie kann es sein, dass du drei Monate in Verzug warst?«

Oscar grinste. »Ich habe der Direktion mitgeteilt, solange sie diese grauenhafte Tapete nicht auswechselt, bin ich nicht bereit, für das Zimmer auch nur einen Centime zu bezahlen.«

»Der Inhaber bewundert dich, Oscar. Aber du darfst die Sache nicht zu weit treiben. Irgendwann wirft er dich hinaus.«

»Dann würde ich auch nicht anders leben als zurzeit. Ich

wandere durch die Stadt, mein Herz erfüllt von Verlangen, gefangen von der Schönheit der Boulevards, die für mich jedoch das Inferno sind, weil ich an ihrem Leben nicht teilhaben kann.« Als der Arzt die Nadel in seinen Arm stach, zuckte er kaum.

Der Doktor wandte sich an Robbie. »Der Abszess hat sich entzündet und eitert.«

»Was ist das, Doktor?«

»Ein Cholesteatom, Monsieur, eine chronische eitrige Entzündung im Mittelohr, die den Knochen zerfrisst.«

Oscar kicherte. »Wer hätte gedacht, dass Sie so schmutzige Ausdrücke kennen, Doktor?«

Der Arzt packte seine Tasche. »Wenn sich das nicht bessert, muss ich operieren.«

Erschöpft drehte sich Oscar zur Wand. »Nach meiner Haftentlassung hatte ich die allerhöchsten Hoffnungen, in Wahrheit taumle ich nur noch dem Untergang entgegen.«

Robbie drückte dem Arzt eine Banknote in die Hand.

Mit der Faust schlug Oscar gegen die Wand. »Ich befinde mich in einem Kampf auf Leben und Tod mit dieser Tapete, Robbie! Einer von uns beiden wird weichen müssen!«

Abends lud der Freund ihn zum Essen ein. Warme Mahlzeiten stellten eine Ausnahme für Wilde dar. Beim Diner kam er daher in eine derart beschwingte Stimmung, dass Robbie ihn nicht daran hindern konnte, eine Tischrede zu halten. Wilde stand auf und winkte mit der Serviette, es möge Ruhe im Speisesaal eintreten. Irritiert verstummten die Gespräche.

»Ich trage die Überzeugung im Herzen, dass die Geister des französischen Kunstempfindens imstande sind, die zertretene Lilie, als die ich mich sehe, wieder aufzurichten und mich aus dem Pfuhl der Verzweiflung zu holen. Und dann werde ich, wiedererblüht, über den Gipfeln des Parnass schweben, Mesdames et Messieurs!«

Der Oberkellner verhinderte, dass Wilde weiterfabulierte, indem er die Rechnung präsentierte, die Oscar, ohne einen Blick darauf zu werfen, an Robbie weiterreichte. Der brachte ihn ins Hotel und verabschiedete sich.

Kaum waren die Schritte des Freundes auf der Treppe verklungen, zog Oscar sich noch einmal an und entnahm der Schublade die Schminke, die ihm zu besonderen Anlässen zu Diensten stand. Er zog die Augenbrauen nach, tuschte die Wimpern und benützte Rouge für Wangen und Lippen. Das Grau seiner Haare verbarg er unter einem breitkrempigen Hut. Ungesehen verließ Monsieur Melmoth das Hotel und traf Minuten später im Café Élysée ein, wo er sich auf einer Chaiselongue räkelte. Im Salon wartete ein Dutzend Frauen darauf, dass sich die Herren zwischen ihnen entscheiden sollten.

»*Alors*, Monsieur?«, ermunterte ihn die Madame, die dicht neben ihm stand; ihr süßes Parfum flog ihn an.

Er hatte einen Bubikopf entdeckt und sich bereits nickend verständigt.

»Ist Ihnen der Appetit vergangen, Monsieur Melmoth?« Ihre Miene sollte ermunternd wirken, doch er witterte die Ungeduld.

Er zeigte auf den Bubikopf, der sich gähnend mit der Hand über die Augen fuhr. »Die«, sagte er.

»Das ist Yvette.«

»Natürlich ist das *Yvette*, wer sonst?«

Die Madame winkte. Die schmalen Schultern voran, teilte

der Bubikopf die Reihen der Kameradinnen und trat heran. Die Frauen, die nicht gewählt worden waren, drehten auf den Absätzen um, fliegende Ärmel und Gürtelenden. Auf der Treppe fingen sie zu plaudern an wie in einem Mädchenpensionat. Der Bubikopf legte gähnend die Hand vor den Mund.

»Nimm dich zusammen«, zischte die Madame.

Wilde folgte dem Bubikopf, der sich mit kräftiger Stimme als Maurice vorstellte. Das Zimmer war winzig, er setzte sich aufs Bett und nahm eine Banknote aus der Brusttasche. Maurice streifte sein Mäntelchen ab und kniete sich auf den Teppich.

Einige Abende später beobachtete Robbie besorgt, wie Oscar den Wasserkrug, die Absinthflasche, den Zucker, die kleine Blumenvase konzentriert auf dem Kaffeehaustisch hin und her schob und die Gegenstände immer von neuem sortierte.

»Ich werde Bosie wiedersehen«, sagte er plötzlich.

»Wie bitte?«

Oscar sah den Freund nicht an. »Kein Mensch wird jemals wieder meine Bücher lesen, kein Theater meine Stücke aufführen. Mein Name ist verdammt in alle Ewigkeit. Und in dieser Situation hat Lord Alfred, den du, den ihr alle verabscheut, mir seine Hilfe angeboten.«

Robbie hielt Oscars Hände fest, da er die Gegenstände auf dem Tisch immer hektischer umherschob. »Wie könnte Bosie dir helfen? Wenn seine Mutter ihn nicht unterstützt, ist er mittellos. Sein Vater verwehrt ihm nach wie vor das Erbe.«

»Geld, Geld! Geld!«, fuhr ihn Oscar an. »Ich habe im Reichtum gelebt! Jetzt lerne ich, ohne Geld auszukommen. Geld entscheidet nicht darüber, ob wir glücklich oder unglücklich sind.

Bosie liebt mich, auf eine Weise, die du nie verstehen wirst. Er liebt mich so, wie er eben lieben kann ... und sich noch lieber lieben lässt.«

»Wenn du dich mit Bosie triffst, siehst du deine Kinder nie wieder.«

»Ich werde meine Söhne in keinem Fall wiedersehen. Niemals!«, schrie Oscar. »Dafür hat Constance mit ihren Anwälten gesorgt!«

»Was erwartest du denn von ihr? Constance hat dich trotz allem, was du ihr angetan hast, immer unterstützt. Sie schickt dir pünktlich Geld und hat nur eine Bedingung daran geknüpft: dass du Bosie nie wiedersiehst. Wenn sie dir den Unterhalt streicht, bist du vollkommen mittellos. Glaubst du, dass Bosie für dich sorgen wird, dieser verweichlichte Mensch, diese Schlange, dieses Fähnchen im Wind?«

»Deine Beschreibung ist zutreffend«, antwortete Oscar ruhiger. »Ja, ich liebe eine Schlange. Aber wenn jemand so vollkommen allein, wenn jemand so einsam ist wie ich, dann ist man sogar mit der Liebe einer Schlange zufrieden.«

»Du bist nicht allein!«, rief Robbie gekränkt. »Du hast mich! Ich bin hier. Aber das ist dir nicht genug, nicht wahr?« Da der Freund nicht antwortete, fasste Robbie in seine Tasche und legte Münzen auf den Tisch.

Wilde suchte eine warmherzige Antwort für jemanden, dessen Treue ans Selbstzerstörerische grenzte – doch plötzlich entschied er sich für die Wahrheit.

»Du bist der Einzige, der noch zu mir hält, Robbie, aber du besitzt weder genügend Format, das mich beeindrucken, noch genügend Brutalität, die mich erregen könnte. Bosie hat beides, Format und Grausamkeit. Er behandelt mich schlecht und wird es auch weiterhin tun. Doch wie es scheint, brauche ich das offenbar.«

Tief verletzt stand Robbie auf. »Gute Nacht, Oscar.«

»Sei nicht böse, lieber Junge«, rief er ihm nach. »Du bist für dramatische Szenen wie diese einfach nicht geschaffen!«

26

Der Bahnhof von Rouen,
an einem klaren Oktobertag

Nachdem der Zug stampfend eingefahren war, nachdem Dampf und Qualm sich gelichtet hatten, entdeckte Oscar, leicht geschminkt und auf einen Stock gestützt, eine schmale Erscheinung im hellen Mantel, die einen unmöglichen Hut auf dem Kopf trug. Dieser Jüngling, dem die Jahre, die seit ihrer letzten Begegnung vergangen waren, nichts anzuhaben schienen, sah ihn aus katzenhaft grünen Augen an.

Wie hatte er vergessen können, dass dieser Mensch so schön war? In langen Locken quoll sein Haar unter dem Hut hervor. Er trug eine dunkle Jacke und hatte einen grünen Schal übergeworfen. Seine kaffeebraunen Wildlederhandschuhe erinnerten Oscar daran, dass Bosie stets Angst hatte, Dinge zu berühren, die andere vor ihm angefasst hatten, besonders in der Eisenbahn. Als der Junge näherkam, breitete sich ein Lächeln auf seinem Gesicht aus, so strahlend, so unverändert zauberhaft, so verführerisch und überwältigend, dass Oscar nicht an sich halten konnte und in Tränen ausbrach.

Man hatte ihn gezwungen, zu vergessen, was Liebe bedeutete und dass ein Mensch, der keine Liebe erfahren durfte, zum Sterben verdammt war. Oscar liebte diesen jungen Mann, der ihm das Schlimmste angetan hatte und sehr wahrscheinlich wieder antun würde; er liebte ihn durch und durch, mit all seinen Sinnen. Die Tränen schossen aus seinen Augen, er verlor die Kontrolle über seine Züge, mit offenem Mund schluchzte er. Was er jahrelang unterdrückt hatte, jede Regung, aus der Hoffnung sprach, Zärtlichkeit, auch Begierde, brachen sich in dem gequälten, kranken, alternden Mann Bahn. Er fiel der Liebe seines Lebens um den Hals, dem Menschen, den er nicht würde halten können, dem Jungen, der nicht zu ihm passte und mit dem er niemals sein Leben verbringen konnte. Oscar wollte nur noch bei ihm, mit ihm sein, wie kurz oder lang ihre gemeinsame Zeit auch dauern mochte. Er wimmerte und hielt sich die Hand vor den Mund, während Bosies Lächeln jenen spöttischen Zug bekam, der sein eigentliches Wesen spiegelte.

»Oscar, es passt einfach nicht zu dir, dass du sprachlos bist, alter Junge.« Als der andere nicht zu weinen aufhörte, hakte Bosie ihn unter und führte ihn zu einer Bank. »Komm, mein Bester, komm, setz dich erst einmal hin.«

Ein Ehepaar, das den Zusammenbruch des fremden Mannes beobachtete, trat näher. »Monsieur, was ist mit Ihnen?«, fragte die Gattin. »Kann man Ihnen helfen?«

Oscar war außerstande zu antworten, und so sagte Bosie: »Ein Todesfall, Madame. Eine schlimme Nachricht, die er gerade erhalten hat.«

»Das tut uns leid. Kopf hoch, Monsieur.« Das Paar ging weiter. »Irgendwoher kannte ich ihn«, sagte sie.

»Du irrst dich«, antwortete der Gatte.

Oscar klopfte Bosie dankbar auf die Schulter. »Du lügst immer noch vortrefflich.« Er wischte sich die Tränen ab. »Na, wie geht's, mein Junge?« Und dann begann er über seinen dramatischen Ausbruch aus vollem Hals zu lachen.

Überrascht über den raschen Stimmungswechsel lachte Bosie mit. »Oscar, du alte Drama-Queen, lass dich umarmen!«

»Ich brauche dringend einen Drink.« Wilde zeigte auf das Bahnhofsrestaurant.

»Ausgerechnet dort?«

»Ich habe schon schlimmere Spelunken gesehen, das kannst du mir glauben.«

Wenig später blickte Oscar nachdenklich in sein Glas. »Wir sind zwei Aussätzige, die bei Vollmond in einem heruntergekommenen Lokal einen Drink nehmen.«

Bosie las die Speisekarte. »Ich will in den Süden, Oscar. Nach Neapel.« Er sah ihn an. »Neapel sehen und sterben – heißt es nicht so?«

»Wenn das Sterben so einfach wäre, würde ich heute noch nach Neapel aufbrechen.«

Ergebnislos legte Bosie die Karte weg. »Lass uns davonlaufen, was meinst du? Lass uns fliehen, mein Lieber, irgendwohin, wo keiner uns findet! Warum nicht Neapel?«

»Weil ich ein ruinierter Mann bin. Ich kann nur hoffen, dass du gleich die Rechnung übernimmst. Wenn wir zusammen nach Neapel gehen, streicht mir Constance meinen Unterhalt. Wir haben kein Geld, Bosie.«

»Meine Mutter besitzt Unsummen.«

»Aber wird sie es dir geben, wenn du dich mit einem Kriminellen einlässt? Neulich sagte Robbie zu mir …«

»Ach, Robbie!« Bosie zog das Tischtuch glatt. »Er war von Anfang an gegen mich. Seine Eifersucht ist lächerlich.«

»Robbie liebt mich, Bosie, auf eine Weise, die du nie verstehen wirst.« Er nahm die Karte. »Lass uns bestellen. Ich bin am Verhungern.«

»Hier?«

»Der Braten wird auch nicht schlechter sein als anderswo.«

Bald darauf mieteten sie den ersten Stock eines Palazzo im Golf von Neapel und nahmen ihre Mahlzeiten in der Trattoria im Erdgeschoss ein. Der Kellner hieß Ciacinto. Oscar erklärte ihm, Ciacinto bedeute Hyazinth, eine Blume, die er sehr schätze.

Bosie trank währenddessen Rotwein und tupfte sich einen Hauch davon ans Kinn. Hyazinth wollte den Sinn der Geste erfahren, Bosie behauptete, das bringe Glück, und betupfte ihn ebenfalls mit Wein. Oscar warnte, Ciacintos Mutter sei ihre Hauswirtin und beobachte sie schon argwöhnisch. Bosie tat das mit der Bemerkung ab, die gute Frau solle sich geehrt fühlen, falls er ihren Sohn verführe.

Das Meer hatte eine Bläue, die selbst der Dichter nicht zu beschreiben wagte. Dahinter erhob sich aus dem Dunst der schlafende Vesuv. In dieser Landschaft genoss Oscar ein Gefühl von Endlichkeit und Tragik. Bosie entdeckte Ratten in ihrer Etage und reagierte hysterisch. Boshaft hielt Ciacinto ihm ein totes Tier unter die Nase. Bosie ohrfeigte ihn, küsste ihn als Entschuldigung und verführte Hyazinth. Wie gewohnt sah Oscar dabei zu und rauchte. Während die beiden schliefen, ging er hinaus auf die abendliche Terrasse; hingerissen gab er den unterschiedlichen Violetttönen des Himmels Frauennamen. Er stellte sich vor, die Boote dort unten würden auf einem Meer aus purem Silber schaukeln.

Als Bosies Mutter erfuhr, mit wem ihr Sohn sich in Neapel aufhielt, strich sie seinen Unterhalt; damit waren beide mittellos. Da die Miete für einen Monat im Voraus bezahlt war, beschlossen sie, zunächst zu bleiben. Oscar, dem die ständige

Geldnot, dieses Leben von der Hand in den Mund, zu schaffen machte, musste sich von Bosie auslachen lassen. Sie könnten, meinte der, immer noch ihre Manschettenknöpfe und Krawattennadeln verkaufen. Oscar schickte ein Gebet zum Himmel, dass der alte Queensberry endlich das Zeitliche segnen möge. So schlecht es ihm selbst auch ging, war er fest entschlossen, den Alten zu überleben.

An Weihnachten war es in Neapel wärmer als in England im Sommer. Sie erkundeten die Gegend, verloren aber bald das Vergnügen daran, da Oscar die Kraft fehlte, auf die Hügel zu steigen, und für einen Eselskarren war ihnen das Geld zu schade.

Sie begannen einander zu langweilen. Bosie schlief mit jungen Männern aus der Umgebung und geriet in Streit, wenn er, der engelsgleiche Jüngling, sich weigerte, die groben Bauernburschen für ihre Liebesdienste zu bezahlen. Oscar schlichtete solche Streitereien und schenkte den Neapolitanern irgendwelchen Tand zum Ausgleich, unter anderem ein gerahmtes Porträt von Constance.

Sie hatten einander nichts mehr zu sagen und gerieten über jede Kleinigkeit in Streit. Bosie lachte Oscar wegen seiner Hinfälligkeit aus, verspottete sein Alter und schlug ihn aus einer boshaften Laune heraus sogar einmal. Wilde prangerte Bosies Eitelkeit an, zu glauben, er könne Sex umsonst erwarten: Der Einzige, der ihn je um seiner selbst willen geliebt habe, sei er gewesen. Für Bosie habe er sein Genie zerstört! – Oscar habe nie Genie besessen, entgegnete Bosie und schmähte dessen Werke, die albernen Theaterstücke, die lächerlichen Märchen, auch seinen Roman. Sein Erfolg sei seinerzeit beachtlich gewesen, Oscars Gier danach faszinierend, doch der Mann selbst habe Bosie nie fasziniert.

Der Tag kam, an dem beide die gegenseitigen Verletzungen nicht länger ertrugen. Bosie bestieg den Zug. Ihr Abschied war kalt und voller Abscheu. Oscar wollte bis zum Auslaufen des Mietvertrags bleiben.

In der folgenden Nacht erhob er sich von trunkenem Lager. Ein roter Schein erleuchtete das Zimmer. Auf der anderen Seite der Bucht war der Vesuv ausgebrochen, ein Leuchtfeuer unter dem Himmel, von dem sich rote Ströme ins Meer ergossen und zischend erstarrten.

Er setzte sich an den Schreibtisch und griff zur Feder.

Denn jeder tötet, was er liebt,
das hört nur fort und fort.
Der eine tut's mit bitterem Blick,
der andere mit dem Schmeichelwort.
Der Feigling tut es mit dem Kuss,
das Schwert benützt der Held zum Mord.

27

Der Küstenort Bogliasco nahe Genua, April 1898

Cyril und Vyvyan waren dreizehn und zwölf Jahre alt. Sie hatten sich daran gewöhnt, nicht länger Wilde, sondern Holland zu heißen, sie lebten damit, eine rastlose Kindheit zu verbringen, da ihre Mutter zwischen der Schweiz, Nürnberg, Heidelberg und Genua häufig den Wohnsitz wechselte. Sie waren alt genug, um zu verstehen, dass ihre Mutter sehr krank war, und einfühlsam genug, ihr vorzuspielen, sie glaubten ihren Beteuerungen von einer baldigen Genesung.

Wie oft hatte sie schon erklärt, die nächste Behandlung werde erfolgreich sein, sie werde wieder laufen und springen können, auch ihr Gesicht werde nicht so schief bleiben. In Wahrheit zitterte Constance' rechter Arm mittlerweile so stark, dass ihre Handschrift unleserlich geworden war und sie sich eine dieser neumodischen Schreibmaschinen zulegen musste.

Cyril und Vyvyan saßen in ihrem Zimmer im ersten Stock, mit Blick auf das Meer, unweit der Riesenstadt Genua. Von den vielen Stationen, auf die ihre Mutter sie mitgenommen hatte, war ihnen Bogliasco die liebste, besonders seit Mummys Bruder Otho bei ihnen lebte. Der Onkel war ein lebenslustiger Kauz, mit dem man Dinge unternehmen konnte, die durch Mummys Krankheit längst nicht mehr möglich waren. Zusammen mit Otho strichen sie durch das alte Genua und fantasierten über Piraten, denen die Stadt früher als Heimathafen gedient hatte.

Otho erklärte ihnen, ›Holland‹ sei der ehrenwerte Name ihrer Vorfahren mütterlicherseits, den auch er aus Respekt vor seinen Ahnen angenommen habe. Er verschwieg ihnen allerdings, dass er sich Holland nannte, weil er sich seinen Gläubigern wegen undurchsichtiger finanzieller Schwierigkeiten zu entziehen suchte.

Cyril und Vyvyan hörten, wie Onkel Otho und Dr Bossi, der Mummy häufig besucht hatte, im Erdgeschoss miteinander redeten. Ihre Mutter war seit Tagen im Krankenhaus. Otho hatte sich währenddessen allein um die Jungen gekümmert.

Als Constance' Gesundheit drei Jahre nach Vyvyans Geburt zu schwinden begann, waren ihre Söhne noch zu klein, um die teilweise Lähmung ihres Beines und die Schmerzen, die sie in den Armen hatte, zu bemerken. Cyril schnappte in der Diskussion seiner Eltern einmal das Wort ›Rheuma‹ auf, das er als ›Träumer‹ missverstand und seinem Bruder erklärte: »Wenn Mummy auf den Stock gestützt geht, dann hat sie ihre Träume.«

Es war kein Rheuma, auch nicht Neuralgie, wie die Londoner Ärzte vermuteten. Inzwischen schmerzte auch Constance' Wirbelsäule, und die Kopfschmerzen waren manchmal unerträglich. Sie wurde arbeitsunfähig, manchmal sogar bettlägerig. Ihre Sorge, wie sie ihren Zustand vor den Kindern weiter verheimlichen sollte, wurde angesichts der Katastrophe, die über die Familie hereinbrach, zweitrangig.

Man klagte Oscar an, er stand vor Gericht. Er wurde von der Öffentlichkeit verfemt, verspottet und zur Höchststrafe verurteilt. Jeden dieser Schicksalsschläge vermochte Constance vor Cyril und Vyvyan geheim zu halten. Sie ließ die Jungen privat unterrichten und nur in Begleitung von Mary ausgehen. Die resolute Hausdame ersparte ihnen die Schande, auf der Straße als Wildes Söhne verunglimpft zu werden. Daddy sei im Krankenhaus, lautete die Erklärung für seine nicht enden wollende Abwesenheit. Es gehe ihm besser, er freue sich, Cyril und Vyvyan bald wiederzusehen.

Irgendwann war das Gebäude der vielen Notlügen marode geworden. In Absprache mit ihrer Familie verließ Constance mit den Jungen London und das Königreich. Eine jahrelange Odyssee begann, von einem Arzt zum nächsten, auf der Suche nach der Wunderkur, die den vielen Fehlschlägen ein Ende setzen würde.

Sein Ruf war Dr Luigi Maria Bossi vorausgeeilt. Im Hauptfach Gynäkologe, versprach er Constance schon nach der ersten Konsultation, sie rasch gesund zu machen. Sie werde wieder laufen können wie in Mädchentagen und froh und glücklich sein.

Constance ließ sich in seine Privatklinik einweisen und bat Otho, ihr beizustehen. Zur Freude seiner Neffen zog Otho nach Bogliasco. Constance ließ sich von Dr Bossi operieren und erfreute sich für kurze Zeit tatsächlich besserer Mobilität.

Sie wusste nicht, dass Bossi Anhänger eines gynäkologischen Trends war, wonach die Erkrankung der weiblichen Fortpflanzungsorgane zur Reizung des Gehirns und in der Folge zu Geisteskrankheit führen könne. Die Theorie wurde ›Beckenwahnsinn‹ genannt. Bossi versuchte, neurologische Erkrankungen seiner Patientinnen mit gynäkologischer Chirurgie zu heilen: Durch Entfernung der Eierstöcke wollte er dem Beckenwahnsinn entgegenwirken.

Constance' Genesung war nur von kurzer Dauer, Wochen nach der Operation fühlte sie sich lahmer und schwächer als je zuvor. Neben ganzkörperlichen Schmerzen litt sie, kaum vierzig Jahre alt, unter permanenter Müdigkeit. Die Erziehung der Kinder war nur noch mit Unterstützung Othos möglich.

Ihr Bemühen, die Erkrankung vor Cyril und Vyvyan zu bagatellisieren, scheiterte endgültig, als Constance ihren Söhnen vor dem Haus einmal entgegengehen wollte, entkräftet zusammenbrach und von Otho aufgehoben werden musste. Als Folge trug sie eine Lähmung der linken Gesichtshälfte davon. Doch selbst damit bemühte sie sich, Cyril und Vyvyan zum Lachen zu bringen. »Mummy hat jetzt ein schiefes Gesicht«, erklärte sie. »Mir gefällt es besser so. Ich mochte mein früheres Gesicht nicht mehr.«

Erschöpft, arbeitsunfähig und ans Haus gefesselt suchte Constance ihr Heil noch einmal bei Dr Bossi. Zu ihren sonstigen Beschwerden beklagte sie eine Funktionsstörung der Harnwege. Dr Bossi sah seine Stunde gekommen, ihr die Theorie vom ›Beckenwahnsinn‹ zu erklären. Er diagnostizierte ein Myom, das die Ursache für ihre Beinschwäche sei: Das Myom im Unterleib klemme die Nerven des Oberschenkels ab. Er behandelte zunächst mit einer Kreosot-Lotion, die Constance im Dammbereich auftragen sollte. Als sich die Maßnahme erwartungsgemäß als wirkungslos erwies, riet Bossi zum Eingriff. Die Möglichkeit, endlich wieder gehen zu können, ließ Constance alle Warnungen ihres Bruders wegen der Gefahren einer solchen Operation in den Wind schlagen.

Schweigend saßen Cyril und Vyvyan auf ihrem Zimmer und versuchten, ein paar Brocken von dem Wortwechsel zwischen Arzt und Onkel im Erdgeschoss zu verstehen.

»Meine Schwester hätte niemals die Einwilligung zu einer Entfernung der Gebärmutter gegeben!«, ereiferte sich Otho.

Dr Bossi war eine fröhliche Erscheinung mit gelocktem, schütterem Haar und einem akribisch gezwirbelten Schnurrbart. Als Mitglied der italienischen sozialistischen Partei machte er sich Hoffnung, bald ins Parlament gewählt zu werden. Was er daher zuletzt gebrauchen konnte, war ein Skandal wegen einer Fehldiagnose. »Ich habe die Gebärmutter Ihrer Schwester nicht entfernt, Signore Holland«, entgegnete er. »Ich habe lediglich den Tumor herausgeschnitten.«

Voll Gram und Kummer lief Otho im Zimmer umher. »Nach dem Eingriff hätten Sie auf die alarmierenden Beschwerden meiner Schwester reagieren müssen. Sie hat sich stundenlang erbrochen und konnte nichts mehr bei sich behalten. Die Krankenschwestern haben es verabsäumt, ihr Flüssigkeit zuzuführen. Und während dieser kritischen Zeit waren Sie nicht da! Wo waren Sie, Dr Bossi, während Constance verdurstet ist?«

»Ich habe noch andere Patientinnen, Signore. Mein Personal hatte klare Anweisungen …«

Otho schlug mit der Faust auf den Tisch. »Was haben Sie unternommen, als Constance das Bewusstsein verlor?«

»Sie bekam Bluttransfusionen. Wir haben für Signora Holland gebetet.«

»Trotzdem ist sie gestorben! Sie ist gestorben, obwohl sie gerade erst ihren vierzigsten Geburtstag gefeiert hat. Sie ist tot, mein Herr!«

Bossi setzte eine anteilnehmende Miene auf. »Sehr traurig, Signore, aber manchmal ist es der Wille unseres himmlischen Vaters, ein Leben bereits jung zu sich zu nehmen. Signora Holland ist jetzt bei ihm.«

»Faseln Sie nicht von Gott! Ihre Operation war Quacksalberei!«

»Mit Anschuldigungen dieser Art sollten Sie sich hüten«, entgegnete der andere eisig.

»Ich werde das Gegenteil tun! Ich verklage Sie!«

»Davon rate ich ab.« Bossi stand auf. »Signora Holland hat mir die Einwilligung zur Operation schriftlich gegeben. Ohne jene bedauerlichen, unvorhersehbaren Komplikationen wären die Behinderungen Ihrer Schwester gelindert worden. Sie hätte wieder ein normales Leben führen können.«

Otho baute sich vor dem Italiener auf. »Unsere Ärzte in London haben vor dieser Operation gewarnt!«

Dr Bossi zog sich Richtung Tür zurück und öffnete sie. »In diesem Fall hätte sich Signora Holland besser von den englischen Kollegen behandeln lassen sollen.«

Den letzten Satz konnten Cyril und Vyvyan oben verstehen. Es hielt sie nicht länger im Zimmer. Sie kamen auf die Treppe gestürmt.

»*Ah, due ragazzi così belli!*«, rief Bossi und verließ eilig das Haus.

Noch wussten die Jungen nichts vom Tod ihrer Mutter. Doch als ihr Onkel aus dem Salon trat, zu ihnen hinaufblickte und sagte: »Kommt mal runter, ich muss mit euch reden«, da fühlten sie es, da gab es kaum noch Zweifel. Vyvyan begann zu zittern, Cyril nahm den Jüngeren in seine Arme. Sie setzten sich in Mummys Lieblingssessel und warteten, was Onkel Otho ihnen zu sagen hatte.

Jahre später, am 1. Februar 1919, betrat der Gatte einer Patientin Dr Bossis Sprechzimmer in Mailand. Der eifersüchtige Ehemann feuerte drei tödliche Kugeln auf den Chirurgen ab. Dann ging er nach Hause, erschoss seine Frau und richtete die Waffe schließlich gegen sich selbst.

The Athenaeum Club, London, 31. Januar 1900

»Ein Stiefel …!«, murmelte John Douglas, neunter Marquess of Queensberry.

In Decken gehüllt saß er vor dem Kamin seines Clubraums, den seit einiger Zeit niemand außer ihm benützte. Der Marquess galt nicht nur als unangenehmer Zeitgenosse, sondern war vom syphilitischen Schwachsinn gezeichnet. Man hielt ihn für ansteckend, weshalb die Butler Drinks und Mahlzeiten nur auf Distanz servierten.

»Ein Stiefel. Ein Gürtel. Sonst nichts.« Seine Stimme glich einem Krächzen.

Er trank Brandy, wobei ihm Geschwüre an den Händen den Griff zum Glas erschwerten. Queensberrys innerer Blick war auf das Matterhorn gerichtet. Bei dessen Erstbesteigung 1865 war sein Lieblingsbruder Francis dabei gewesen. Die siebenköpfige Seilschaft war über den Hörnligrat eingestiegen, hatte die Schulter erreicht und war zur Nordwand ausgewichen. Auf dem letzten Abschnitt hatte sich Edward Whymper plötzlich vom Seil losgeschnitten und war zum Gipfel vorausgerannt, um die Ehre der Erstbesteigung für sich allein einzuheimsen. Beim Abstieg waren vier aus seiner Seilschaft in der Nordwand abgestürzt. Sämtliche Leichen wurden geborgen, nur die von Francis Douglas blieb verschollen. Queensberry hatte die Expedition zur Bergung der sterblichen Überreste seines Bruders persönlich geleitet, aber außer Francis' Stiefel und seinem Gürtel wurde nichts gefunden.

»Ich habe den Gürtel in seinen Sarg gelegt. Den Stiefel auch«, murmelte er. »Ein leerer Sarg wurde in die Gruft gesenkt. Ein leerer Sarg … ein leerer Sarg!« Er öffnete den Mund zu einem stummen Lachen. »In unserer Familiengruft habe ich den Priester ausgelacht, als er Weihwasser auf den Sarg gespritzt hat, in dem keiner lag!«

Er trank, er lachte, sein Lachen verwandelte sich in ein Husten, ein Keuchen. Er rang nach Luft.

»Fluch auf den ganzen christlichen Unsinn!«, röchelte er. »Fluch auf Gott! Für einen Queensberry gibt es keinen Gott.« Der Husten wurde stärker. »*Der schöne Boxer*, so haben mich die Frauen genannt. Ich war ein Sieger. Die Frauen liebten den schönen, mutigen Boxer.« Er beugte sich vor, rutschte aus dem Sessel und fiel auf die Knie. Das Glas entglitt seiner Hand und zerbrach. Er starrte ins Feuer.

Er flüsterte nur noch. »Das Unglück. Die Kinder. Tot. Von eigener Hand. Das Unglück. Die Frauen.«

Ihn fror. Er kroch ans Feuer. Seine Lippen versuchten ein Wort zu formen. Es gelang ihm nicht – aus Schwäche, aus Hass, aus Liebe? Mit letzter Kraft hob der Marquess den Blick über den Kaminsims, dorthin, wo ein Bild hing, ein Gemälde, vortrefflich gemalt. Es zeigte einen jungen Mann im Gesellschaftsanzug, einen Jüngling in seiner köstlichen Schönheit und Jugend.

»Bosie«, flüsterte der neunte Marquess of Queensberry und starb. Er starb allein, wie er es erwartet hatte, während draußen der erste Schnee des Winters fiel.

Als der Butler eintrat, entdeckte er den runzligen, entstellten Mann auf dem Boden, den er kaum wiedererkannte. Nur der Siegelring an seinem Finger gab Auskunft darüber, wer der Tote war.

28

Café Élysée,
Sommer 1900

»Sie sind heute früh dran, Monsieur Melmoth«, sagte die Madame. »Und ohne Begleitung Ihres Freundes?«

»Robbie kommt vielleicht noch.« Oscar wollte in den Salon weiter.

»Es wäre da noch eine Rechnung zu begleichen. Ich hatte gehofft, Ihr Freund würde ...«

Als Wilde den Hut abnahm, verstummte die Madame. Ein Verband bedeckte seinen Schädel. An einer Stelle hatte es durchgeblutet. »*Grace de Dieu*, was ist passiert? Sind Sie in eine Schlägerei geraten, Monsieur Melmoth?«

»Nicht annähernd so dramatisch, Madame. Ein kleiner, notwendiger Eingriff. Es geht mir wieder ausgezeichnet.«

»So kann ich Sie nicht in den Saal lassen. Meine Gäste würden erschrecken.«

»Dann soll das unser Geheimnis bleiben, Madame.« Er setzte den Hut wieder auf und zog ihn in die Stirn.

»Was diese Rechnung betrifft ...«

»Ach, es ist eine Tragödie, Madame«, unterbrach er sie. »Ähnlich dem heiligen Franz von Assisi bin ich mit der Armut verheiratet. In meinem Fall handelt es sich allerdings um keine glückliche Ehe.« Er ließ sie stehen und schlenderte weiter.

Soldaten, Mädchen, Zivilisten tummelten sich auf den Sofas

und Canapés. Er nahm den Weg zur Bar, bestellte Absinth, ließ anschreiben und setzte sich an einen hinteren Tisch. Rund um ihn betranken sich junge Männer mit billigem Fusel; sie brauchten Mut, bevor sie mit den Frauen aufs Zimmer gingen. Auf der Bühne tanzten die Grisetten zu einem Gassenhauer, Schrittchen links, Schrittchen rechts. Der Mann am Klavier versuchte, sie im Takt zu halten, trotzdem gerieten die Mädchenbeine überquer. Gekicher und Gejohle.

Wilde ließ den grünen Geist auf sich wirken. Seine Finger klopften den Rhythmus der Musik auf der Tischplatte mit. Auf der Bühne wurde ein Zwerg von den Mädchen als Gießkanne benutzt. Der Kleine rief: »Gemüse gießen! Lasst mein Blümchen nicht vertrocknen!« Ein Gummimensch nahm die Mundharmonika zwischen seine Zehen und blies darauf die Marseillaise. Ein Major steckte dem Pianisten Geld zu. Daraufhin spielte das Orchester Offenbach.

Oscar begann im grünen Nebel zu schweben. Die Schmerzen ließen nach. Vor der Operation hatte er Bosie einen Brief geschrieben. Der einzige Mensch, der von seinem möglichen Tod Notiz nehmen sollte, war Lord Alfred Douglas, der kalte Prinz, der ihn keiner Antwort würdigte.

Als vor Tagen der Chirurg und die Krankenschwester sein Hotelzimmer betraten, hatte Wilde sie angefleht, den Eingriff zu verschieben: Er fühle sich ausgezeichnet, die Beeinträchtigung seines Ohres sei nicht der Rede wert.

»Wir operieren, so schnell wir können«, lautete die Antwort des Chirurgen. Die Schwester sortierte die Instrumente, Oscar erschauerte vor den blitzenden Messern. Sie breiteten weiße Tücher rund um seinen Kopf aus.

»Wird es so stark bluten?«

»Je schneller wir beginnen, desto früher haben Sie es hinter sich, Monsieur Melmoth.«

Robbie tauchte in Oscars Blickfeld auf. »Ich bin hier. Ich passe auf dich auf.« Dabei klang er vollkommen hilflos.

Schon vor seinem Gefängnisaufenthalt hatte Wilde über Gehörverlust auf dem rechten Ohr geklagt. »Deshalb gehe ich ja kaum noch in die Oper. Wenn ich die hohen Töne nicht hören kann, ist das hinausgeworfenes Geld.«

Später in der Haftanstalt war niemand in der Lage gewesen, Oscars Cholesteatom zu diagnostizieren. Bei einer Untersuchung in Paris stellte der Arzt fest, dass sich die Entzündung schon auf das Schläfenbein ausgebreitet hatte. Eine Infektion des Gehirns sei zu befürchten.

Sekunden, bevor Oscar unters Messer kam, musste er lachen: »Wussten Sie, dass mein Vater einer der bedeutendsten Ohrenchirurgen Irlands war?«

»Nicht mehr sprechen.« Der Chirurg bepinselte das Ohr mit Jod.

Oscar behielt Robbie im Blick. »Daddys Lehrbuch gilt heute noch als Standardwerk. Der Titel lautet: *Praktische Beobachtung der Ohrenchirurgie und der Natur und Behandlung der Erkrankungen des ...*«

Ein so entsetzlicher Schrei entrang sich ihm, dass der Chirurg zurückfuhr. Eine Blutfontäne schoss aus dem Ohr; Robbie wandte sich ab.

Wilde schrie so grauenvoll, dass der Hotelbesitzer, der gerade heißes Wasser brachte, auf der Stelle kehrtmachte. Schreiend warf Oscar sich hin und her. Weder der Schwester noch dem Arzt gelang es, seinen Kopf stillzuhalten.

»Chloroform!«, schrie der Chirurg mit erhobenem Skalpell.

Als die Schwester Oscar einen mit Anästhetikum getränkten Lappen auf Mund und Nase drückte, wurden die Schreie leiser, seine Augen schlossen sich. Der Arzt begann mit der Mastoidektomie.

Beim Erwachen bemerkte Oscar zwei kleine Gestalten, die sich am Kamin zu schaffen machten. Jean-Louis warf Koks in die Flammen, Georges schürte die Glut.

»Bist du das wirklich, Ernst?«, flüsterte der Patient mit dem Kopfverband, der fast sein ganzes Haupt bedeckte.

»Er ist wach«, flüsterte Georges. Die Jungen traten an sein Bett. »Wie geht es Ihnen, Monsieur?«

»Ich hätte gestern diese Muscheln nicht essen sollen.« Oscar zwang sich zu einem Lächeln. »Das bekommt meinem Magen nicht.«

»Ihr Magen? Ich dachte, Ihr Ohr…«

Jean-Louis stieß den Kleinen an, zum Zeichen, dass Oscar einen Witz mache. »Können wir etwas für Sie tun?«

»Das tut ihr schon«, antwortete er leise. »Solange ihr wie zwei Schutzengel an meinem Bett steht, kann mich der Teufel nicht holen.«

»Wir passen auf, dass Ihnen der Teufel nicht zu nahe kommt, Monsieur«, antwortete Georges in heiligem Ernst.

Die Tür öffnete sich, bemüht heiter trat Robbie ein. »Oscar, du alter Simulant, du siehst blendend aus.«

»Kein Mensch auf Gottes Erden lügt so schlecht wie du, Robbie.« Wildes Gesicht bekam etwas Spitzbübisches. »Hinter dem Schrank steht eine Flasche Champagner. Machst du sie bitte auf?«

»Das darfst du nicht.«

»Natürlich darf ich nicht. Aber wenn du es nicht tust, schicke ich meine Schutzengel los. – Jean-Louis, bist du so nett?« Und zu Georges gewandt: »Die Gläser stehen …«

»Unter dem Bett, Monsieur.« Der Kleine grinste. »Ich habe sie dort hingestellt.«

»Da niemand so zierlich ist wie du, war unser Versteck bisher sicher.«

Als Jean-Louis den Korken ploppen ließ, griff Robbie ein. »Oscar, die Operation ist gut verlaufen, sagt der Doktor, aber du darfst …«

Der Dichter hob die Hand. »Robbie, bitte keine Sonntagspredigt. Das macht das Wunder des *Wiederauferstanden* klein und schäbig. Ich möchte einen letzten Drink, bevor ich sterbe.«

»Du stirbst nicht«, entgegnete der Freund besorgt.

»Natürlich nicht, ich bin schließlich unsterblich!« Er sah die Jungen an. »Nicht wahr, meine Freunde?«

Georges goss die Gläser voll.

»Danke, Ernst.«

Robbie nahm ein Spritzenbesteck aus der Tasche. »Das hat der Doktor für dich hiergelassen. Es ist Morphium.«

»Hmmm!« Oscar leckte sich die Lippen. »So viele feine Sachen für einen armen Mann wie mich.« Er nahm sein Glas entgegen. »Worauf trinken wir?«

»Auf Sie, Monsieur Melmoth«, rief Jean Louis.

»Quatsch. Warum sollten wir auf einen alten, kranken Kerl mit einem weißen Turban trinken?« Er stieß mit Jean-Louis an. »Auf die Jugend. Etwas Besseres gibt es nicht im Leben.«

»Auf die Jugend!«, riefen die Brüder.

»Leider wird sie von einer Generation verplempert, die noch gar nichts damit anzufangen weiß. Mit vierzig sollte man jung sein. Das wäre ein Leben!«

»Die Sache ist die, Oscar –« Robbie stellte sein Glas beiseite. »Der Arzt kann nicht jedes Mal kommen, um dir die Spritze zu geben, und hat mich daher gebeten, es zu machen. Aber Blut und Injektionsnadeln, ich fürchte, ich bin nicht der Richtige dafür.«

»Ich mache es!«, preschte Jean-Louis vor.

»Wirklich?«, erwiderte Robbie sichtlich erleichtert. »Oscar soll das Morphium nur bekommen, wenn er Schmerzen hat.«

»Ich glaube, die Schmerzen setzen gerade ein«, schmunzelte Oscar. »So ein kleiner Flug auf Morpheus' Schwingen käme mir gerade recht.«

Während Robbie dem Jungen zeigte, wie man Kolben, Nadel und Phiole bediente, trank Oscar sein Glas aus. »Was meint ihr, meine Freunde, wie viele Menschen sind glücklich geworden, weil ich gelebt habe?«

»Rede nicht so, Oscar. Du lebst doch.«

»Aber einen guten Teil meines Lebensfadens habe ich schon abgespult.«

Robbie zeigte Jean-Louis die kleine Säge, mit der man die Phiole aufschneiden musste.

»Und wie viele Menschen sind wohl unglücklich geworden, weil ich gelebt habe?« Plötzlich verstummte Wilde und presste die Lippen aufeinander. Ein Schluchzen entrang sich ihm. »Erkenne dich selbst, sagen wir oft. Ich habe mich lange selbst nicht gekannt. Meine geliebte Frau Constance ist nicht an der Krankheit, sondern *an mir* gestorben. Und ich konnte sie nicht einmal mehr um Verzeihung bitten.«

Allmählich wurde es laut im Café Élysée. Die amüsierwillige Meute rief der Sängerin zu, sie solle ein bisschen was von ihrem Kostüm ausziehen. Bedeutete diesen Leuten der Name Oscar

Wilde noch irgendetwas?, fragte er sich. Und falls sie ihn noch kannten, was sagten sie über ihn? Würden sie ihn als Verbrecher beschimpfen, der mit Männern Unzucht trieb? Würde sich der eine oder die andere an seine *Salome* erinnern, an *Dorian Gray*, *Lady Windermere's Fächer*? War es falsch gewesen, diesen Menschen den Reichtum seines Lebens, seines Geistes und Humors zu offenbaren? Hatte er, rückblickend, ein schweres Leben gehabt? Nun, es war immerhin ein gutes schweres Leben gewesen. Ein glückliches Leben war im Grunde das Langweiligste, was man sich vorstellen konnte.

Er hatte mit seinen Kunststücken viel Geld verdient und es verschleudert und verplempert. Er hätte etwas Gutes damit tun können, so wie Constance es getan hätte. Constance war der Inbegriff eines guten Menschen gewesen, und Oscar hatte Befriedigung darin gefunden, das Gegenteil zu sein.

Was war denn heute nur mit ihm los?, fragte er sich. Lag es am Absinth oder am Morphium? Bevor er aufgebrochen war, hatte Jean-Louis ihm noch eine Spritze gegeben. *Abschied!* war los, verstand er plötzlich. Oscar Wilde nahm Abschied vom Leben, und er tat es natürlich romantisch, so wie Cinderella, wenn sie sich von ihrem Prinzen trennte.

Er lachte. »Bin ich denn nun Cinderella oder bin ich der Prinz mit einem weißen Turban auf dem Kopf?«

Er hob den Blick zu den dichtgedrängten Menschen. Wer an seinem Ende angelangt war, so wie er, hatte den Wunsch, ein Lächeln auf die Gesichter seines Publikums zu zaubern. »Ich darf sie nicht länger warten lassen.« Er stand auf.

Robbie trat neben ihn. Das war nicht Robbie, und Oscar wusste es. Es war die Gestalt der *Treue*, die Robbies Züge angenommen hatte.

»Ich bin traurig«, sagte Oscar.

»Warum?«

»Weil ich nie wieder eine Nacht wie diese erleben werde. Ich bin traurig, weil ich glücklich bin.«

»Das ist schön.« Robbie umarmte ihn. »Du bist wunderbar. Ich habe dich immer geliebt.«

»Such dir einen netten Freund, Robbie, und sei freundlich zu ihm. Freundlichkeit ist eine wunderbare Sache. Man fühlt sich danach besser.« Sie küssten einander.

Oscar ging zwischen den Tischen hindurch und näherte sich der Bühne. Mit einem Mal glaubte er, einige der Gesichter im Saal zu erkennen. Das heruntergekommene Café Élysée schien bis auf den letzten Platz gefüllt zu sein. Wieso standen die Leute denn auf und applaudierten?

In Oscar erwachte das alte Theaterpferd. Wenn irgendwo geklatscht wurde, musste sich jemand verbeugen. Warum sollte das nicht Oscar Wilde sein? Er verneigte sich in die Runde. Ihm wurde ganz weh zumute, weil er die Freude, geliebt und bewundert zu werden, so lange entbehrt hatte.

Rose Leclercq, die große Schauspielerin, trat auf die Bühne. Inzwischen war sie wohl tot, winkte ihm aber höchst lebendig zu. »Jetzt kommt dein Schlussvorhang, Oscar. Dann haben wir es hinter uns. Es sieht nach einem Erfolg aus.«

»Danke, Mylady.«

Die Darstellerin der Gwendolyn und der Schauspieler des Ernst traten hinzu. »Sollten Sie nicht besser im Bett sein, Mr Wilde?«, rief Gwendolyn.

»Dann würde ich doch Ihren Auftritt verpassen.«

»Sie müssen wieder gesund werden.«

»Wozu?«, entgegnete Oscar fröhlich.

Neben dem Orchester stand einer im Halbdunkel, über den er erschrak. Weil die Liebe immer auch etwas Erschreckendes hatte. Wohin das Leben sie beide auch getrieben hatte, zwischen ihnen war die Liebe hartnäckig gewesen. Wie schön er war, dieser Junge, wie kalt und wie vernichtend. Und doch floss Oscars Liebe hinüber zu ihm. Es war ein Moment der Ewigkeit.

Oscar sah sich um. Welch ein Privileg, sie alle gekannt, ihre Besonderheit genossen zu haben. Er brauchte sich keine Sorgen darum zu machen, ob er Menschen glücklich gemacht hatte. Jeder Mensch brachte Glück und Unglück, und am Ende floss alles zusammen und wurde zu Sternenstaub.

»Du weinst ja, Daddy«, sagte eine zarte Stimme.

»Cyril?« Oscar hielt sich vor Glück die Hand vor den Mund. Wie groß die beiden Jungen geworden waren, auch Vyvyan. Wegen seiner Tränen war Oscar unsicher, ob ihm in Wahrheit nicht Jean-Louis und Ernst gegenüberstanden. Er wischte sich die Träne aus dem Augenwinkel.

Constance trat zu ihren Söhnen. »Bei all deinem Spott, bei allen Bonmots, mit denen du um dich geworfen hast, Oscar, warst du doch immer nahe am Wasser gebaut.«

»Ich war wohl weniger ein Dramatiker als eine Drama-Queen«, nickte er lächelnd.

»Wenn es um Kleinigkeiten ging, warst du ein Seelchen, und ein Koloss in Katastrophen.«

»Danke, Constance.

Sie zeigte hinüber ins Licht. »Wie lange sollen die Leute denn noch warten?«

Wilde verstand. Als er die Bühne betrat, wurde es mit einem Mal vollkommen still. Seine Figuren waren dorthin entschwunden, wo er sie immer wiederfinden würde, wo jeder sie wiederfand. Sie waren im Gedächtnis der Menschen, in unseren Erinnerungen, in den Momenten, wenn wir uns freuten, dass das Leben größer war als der Alltag, größer als die Not, größer sogar als der Tod.

Oscar Wilde starb nicht, wir erlauben es ihm nicht. Sein Tod war nur ein Traum aus einer seiner Geschichten. Er lebt weiter unter uns. Er gehört uns. Wir brauchen ihn.